EDITORA DO CONHECIMENTO

Auxiliando a humanidade a encontrar a Verdade

Teosofia
A FORÇA DA VERDADE

Luzes da Teosofia

Luzes da Teosofia - Vol. 3

Autores diversos

CONHECIMENTO EDITORIAL LTDA.
Rua Prof. Paulo Chaves, 276 – Vila Teixeira Marques
CEP 13480-970 — Limeira — SP
Fone/Fax: 19 3451-5440
www.edconhecimento.com.br
vendas@edconhecimento.com.br

Tradutores e colaboradores:

• Ana Maria Coelho de Sousa
• Carlos Guerra • Edilson Almeida Pedrosa
• Fábio Johas • José Antonio Alves
• Maria Isabel Nobre Santos • Manuel Cavaco
• Mariléa de Castro • Raul Branco

Projeto gráfico: Sérgio Carvalho
Ilustração da capa: Banco de imagens

ISBN 978-85-7618-440-9
1ª Edição – 2018

• Impresso no Brasil • Presita en Brazilo
Produzido no departamento gráfico da
Conhecimento Editorial Ltda
grafica@edconhecimento.com.br

Dados Internacionais de Catalogação na Publicação (CIP)
Angélica Ilacqua CRB-8/7057

Luzes da Teosofia – Vol. 3 / Organizado por Edilson Almeida Pedrosa — Limeira, SP : Editora do Conhecimento, 2018.

166 p. (Teosofia: A força da Verdade)

Diversos autores
ISBN 978-85-7618-440-9

1. Teosofia 2.Ciências ocultas 3. Espiritualidade 4. Filosofia I. Pedrosa, Edilsopn Almeida

18-0752 CDD – 130

Índices para catálogo sistemático:
1. Ciências ocultas : Esoterismo

Autores diversos

Luzes da Teosofia

Volume 3

1ª edição
2018

EDITORA DO CONHECIMENTO

O alvo principal de nossa organização, que estamos trabalhando para formar uma verdadeira fraternidade, está completamente expresso no lema da Sociedade Teosófica e de todos os seus órgãos oficiais: "não há religião superior à verdade". Como uma sociedade impessoal, nós temos de nos apegar à verdade onde quer que a encontremos, sem nos permitirmos mais parcialidade por uma crença do que por outra. Isso leva diretamente a uma conclusão bastante lógica: se nós saudamos e recebemos de braços abertos todos os buscadores sinceros da verdade, não pode haver nenhum lugar em nossas fileiras para os veementemente sectários, os fanáticos ou para os hipócritas, presos dentro das muralhas da china do dogma, cada pedra contendo as palavras: "não admitimos!" Que lugar poderiam tais fanáticos ocupar entre nós? Fanáticos cujas religiões proíbem quaisquer questionamentos e não admitem qualquer argumentação possível, quando a ideia-mãe, a própria raiz de onde brota a bela planta que nós chamamos teosofia é conhecida por conceder a absoluta e irrestrita liberdade para investigar todos os mistérios da natureza, humanos e divinos.

La Revue Theosophique
Helena Petrovna Blavatsky

Sumário

Prefácio

> Um livro aberto é um cérebro que fala; fechado, um amigo que espera; esquecido, uma alma que perdoa; destruído, um coração que chora. – Tagore

A teosofia é o acervo de conhecimentos das causas da existência de tudo no Universo retido por um grupo de seres extraordinários chamados adeptos, cujas mentes estão em perfeita sintonia com a Mente Universal. Além da busca incessante pelo conhecimento e sabedoria universais, as doutrinas teosóficas firmam-se também nos preceitos do amor, da fraternidade e do não egoísmo. É nesse manancial infinito e eterno da verdade, do amor e da sabedoria universais onde se assentam todas as religiões e encontra-se a essência dos sistemas filosófico-religiosos da antiguidade. A teosofia unifica, explica e harmoniza filosofia, ciência e religião, e o exame apurado da literatura teosófica autêntica deixa transparecer claramente essa concordância fundamental.

O movimento teosófico moderno, fundado por H. P. Blavatsky e Henry Steel Olcott, no último quartel do século XIX, espalhou-se pelo mundo e tem-se tornado cada vez mais conhecido na atualidade. Grande parte do sucesso dessa nova corrente de pensamento deve-se à notável obra escrita deixada por Blavatsky, a qual se coloca como um dos capítulos mais destacados da criatividade humana. Percebe-se naquele magnífico edifício literário uma espantosa demonstração de talento, erudição, inspiração, visão profética, profundidade espiritual, constituindo-se um fenômeno inexplicável que ainda choca e surpreende a mente da maioria das pessoas que entram em contato com ele. A grandiosa obra de Blavatsky compõe-se não apenas dos muitos e importantíssimos livros que publicou, mas também de numerosos artigos editados por vários periódicos e que formam, em seu conjunto, um acervo monumental. Boris de Zirkoff, sobrinho de Blavatsky, colecionou notas, diários, artigos, cartas, bem como todos os seus livros publicados, perfazendo uma coleção, em 14 volumes, que foi denominada The Blavatsky Collected Writings e totaliza mais de 8000 páginas.

Além de todo esse rico material provindo da fundadora, que contém ensinamentos valiosos, com suas instruções particulares, inclusive as que ela transmitiu depois de 1888 aos membros da Seção Esotérica da Sociedade Teosófica, os atuais teósofos dispõem de uma quantidade volumosa de livros, pesquisas e artigos elaborados por teósofos notáveis de grande erudição e espiritualidade, sendo alguns deles companheiros de primeira hora dos fundadores da Sociedade Teosófica e outros que se destacaram em fases subsequentes de desenvolvimento e expansão da teosofia pelo mundo, inclusive na atualidade. Só para lembrar alguns nomes, podemos citar, dentre dezenas de outros igualmente importantes: A. P. Sinnett, William Q. Judge, H. S. Olcott, Annie Besant, T. Subba Rao, C. W. Leadbeater, G. R. S. Mead, Gerald Massey, Franz Hartmann, Ernest Wood, C. Jinarajadasa, Arthur A. Powell, N. Sri Ram, Geoffrey Hodson, Gottefried de Purucker, Boris de Zirkoff, Clara M.Codd, P. G. B. Bowen, Geoffrey Farthing, N. Bhashyacharya, R. B. Holt, Parabolanus, Frederick Hockley, Geo. C. Williams, Ianthe Hoskins, A. L. Pogosky, Bhagavan Das.

Após quase 150 anos da fundação da Sociedade Teosófica, ocorrida em 1875, a tremenda produção literária dos teósofos e pesquisadores vinculados, discípulos ou não dos mestres de sabedoria, especialmente os milhares de artigos produzidos, encontram-se à disposição dos estudantes de filosofia esotérica na forma de livros e outras publicações ou até mesmo na internet. Porém, quase tudo se encontra redigido em línguas estrangeiras, especialmente a inglesa, o que dificulta enormemente os pesquisadores e buscadores da vida espiritual de língua portuguesa com desconhecimento de outros idiomas.

Há, por conseguinte, grande demanda a ser suprida por mais publicações na nossa língua que exponham integralmente o pensamento dominante e as tendências atuais que derivam dos ensinamentos valiosos da Sabedoria Antiga. A **EDITORA DO CONHECIMENTO** espera agora que esse anseio possa ser satisfeito com a publicação da presente série de volumes do selo 'Luzes da Teosofia'. A profícua produção literária sob a forma de artigos produzidos por Blavatsky e os mais destacados teósofos do passado e da atualidade serão disponibilizados, a cada mês, sob o formato de livros numa série sem prazo determinado para terminar. A Editora espera que essa antologia do conhecimento divino, exposta magistralmente por qualificados pesquisadores da verdade eterna, possa se constituir num roteiro seguro de acesso ao conhecimento esotérico.

Os teósofos caracterizam-se especialmente por serem livres pensadores. Desde a sua fundação, a Sociedade Teosófica, apesar de ter o seu corpo doutrinário, nunca impôs aos seus membros renúncia às crenças particulares e aos ensinamentos e dogmas de suas religiões, a única exigência é com a prática da fraternidade e o respeito mútuo. De sorte que não se deve esperar nos textos apresentados nesta série ora lançada inteira coerência e concordância uns com os outros, pois cada autor teosófico tem o direito de expressar livremente o pensamento de qualquer escola a que esteja vinculado, mas jamais o de menosprezar opiniões opostas à sua ou de forçar qualquer pessoa a aceitar os seus pontos de vista.

A árvore do conhecimento[1]

Alvin Boyd Kuhn

Traduzido por Edilson Almeida Pedrosa

A história da criação no *Gênesis* contém o item que representa a humanidade que foi condenada à morte eterna em consequência da desobediência de nossos primeiros pais à ordem de Deus para não comer o fruto da árvore da vida e do conhecimento que se encontrava no meio do Jardim do Éden. Aqui nos confrontamos com outra daquelas características do grande drama alegórico da criação que tem mais do que desconcertado os melhores esforços de teólogos e estudiosos durante dois milênios. Ela oferece outro exemplo da maneira lamentável em que uma tentativa estúpida de interpretar a Bíblia literal e factualmente fez da erudição e da exegese bíblica um motivo de riso e uma zombaria do sentido e da sanidade deles durante os muitos séculos de religiosidade cristã. A história de como supostos eruditos no campo do estudo religioso foram enganados, lo-

[1] Título original *The tree of knowledge*. Livro nº 3 da Série "Through Science to Religion", publicado pela Liberty Publishing Company, Liberty, Mo. Em 1947.

grados, pelos subterfúgios da antiga metodologia dos textos das escrituras sagradas é uma das mais espantosas, em verdade quase inacreditáveis, narrativas que, infelizmente, deve agora ser contada. Parece impossível trazer à mente de clérigos e de líderes religiosos de hoje a simples verdade de que os antigos escritores bíblicos não se davam ao trabalho, como faz um autor atual, de clarear o significado de seus escritos numa linguagem que fosse a mais simples e reveladora. Bíblias não foram escritas com esse propósito ou tendo em vista esse fim. Pode-se quase dizer que eles fizeram esforços para esconder, ao invés de revelar a verdade que queriam narrar. Pois o propósito não era transmitir para milhões de leitores (lembramos que não havia impressão no mundo à época) a verdade que deveria ser expressa, mas sim embalsamar, com o fim de preservação, um corpo de verdades básicas da vida, religião e filosofia que poderiam se perder se não fossem escritas.

O método antigo se baseava numa prática literária que hoje se encontra totalmente perdida e desconhecida. Ao invés de se escrever tratados na linguagem comum, o objetivo era apresentar a verdade na forma de representações ou quadros dela, como dramas, alegorias, mitos, parábolas, fábulas, gráficos numéricos e pictogramas nos aglomerados estelares do céu. A pictografia da verdade era o trabalho de dramaturgos ao invés de expositores de prosa comum. Os elementos da natureza humana, que eram os verdadeiros atores no drama da vida deles, eram vistos como pessoas representando papéis da história, exatamente como em *Branca de Neve e os sete anões*. A *Branca de Neve* representa a natureza divina pura no homem, sua alma e os anões personificam os sete princípios elementais que constroem seu corpo físico e, assim, a servem em todas as maneiras mecânicas.

O método arcaico foi concebido para dramatizar a verdade, não para escrever dissertações elaboradas sobre ela. O gênio que se esforçou para construir as fórmulas que expressavam as forças e os processos da vida era de natureza dramática, não especificamente um gênio literário, no sentido moderno. Quando nem a escrita nem a leitura eram universais, a única maneira prática de se retratar ideias era figurá-las por meio de uma alegoria, um mito ou uma construção que poderia parecer fantástica para uma pessoa ignorante, mas que levava sutilmente a uma intuição mais profunda das formas da verdade poderosa. A sagacidade que ditava tal metodologia reconhecia que, para a mente infantil, uma representação pictórica não apenas influenciava momentaneamente, mas impressionava perpetuamente a ideia concebida para ser ensinada. Como a dona de casa põe as frutas em jarras para serem preservadas, os construtores de mitos e os poetas dramáticos (e a palavra poeta significa construtor) embalsamavam em mitos e dramas e numa variedade de formulações concretas os grandes ideogramas de sabedoria oculta que transmitiram à humanidade primitiva para que lhe servissem de guia ao longo do processo evolutivo. O que o indivíduo aprende na infância vai lhe ser útil ao longo da vida, pois a memória da infância é eterna. O mesmo se dá com a humanidade em sua infância.

Às raças primitivas foram dados todos os sistemas de filosofia moral e espiritual, por meio de mitos e dramas, de tal maneira que os registros de verdade viva não necessitassem de instrução humana em sabedoria. Há fortíssima evidência de que todos os povos primitivos foram essencialmente beneficiários de um mesmo corpo de sabedoria e que esse depósito primitivo constituiu a fonte única de todas as religiões do mundo. Este depósito provou ser a "única religião verdadeira" do início. Ao recuperar aquele repositório a maior necessidade do mundo atual poderia ser prontamente satisfeita – uma religião universal para toda a humanidade. Para essa desejável consumação, a presente série deverá contribuir com impulso acima do médio, já que seus artigos chegarão a reconstruir em quase a sua totalidade os elementos e a substância daquela poderosa verdade da antiguidade.

O Livro da Revelação da Natureza

A árvore do conhecimento era uma característica daquela grande formulação que retratava a verdade em gráficos e símbolos. Os sábios da antiguidade não necessitavam se esforçar muito para encontrar tipos, símbolos e cópias das leis e princípios cósmicos adequados e aprazíveis que tinham em mente retratar. As ferramentas e os instrumentos para a reprodução da verdade encontravam-se à mão, ou logo ali. Eles estavam presentes em inumeráveis formas no mundo da natureza viva. O céu, a terra, o oceano, a vida vegetal e animal; os fenômenos universais diários das forças naturais supriam os materiais capazes de esclarecer a linguagem da verdade. Esses antigos dramaturgos conheciam um fato que ignoramos sobremaneira: que os processos e fenômenos de vida criativa encontram-se por toda parte, sendo eles próprios as dramatizações pictóricas da verdade universal. Sabiam que cada árvore, arbusto, inseto, minhoca, animal, cada córrego que cai pela encosta, cada nuvem, floco de neve, névoa e chuva, cada qual era, a seu modo, um traçado visível de princípio cósmico. Pois esses processos e criações eram, em si mesmos, a manifestação externa visível da alma do universo que trabalhava para dar uma expressão concreta a miríades de formas distintas. Eram eles próprios a verdade a se apresentar viva no mundo real. Constituíam ideias do espírito universal que estavam agora cristalizadas em forma material no mundo exterior. Eram elas ideias arquetípicas de Deus concretizadas na matéria atômica, como as ideias de um arquiteto são concretizadas em tijolo, argamassa, madeira, pedra e ferro. E exatamente isso. Deus, o grande arquiteto, primeiramente formou em sua mente cósmica a forma de coisas que viriam a ser sua intencional nova criação, e foi em seu padrão ideal que depois formou o universo físico. Em nossa obscura ignorância ridicularizamos hoje o idealista. Mas, a não ser que o indivíduo esteja o tempo todo esforçando-se para construir sua vida em conformidade com o padrão de um nobre ideal, ele não chegará a nenhum lugar, exceto possivelmente àquela fronteira de deriva sem propósito, ou a um asilo no cimo da montanha. A psicologia nos diz agora em tons que não ousamos desconsiderar, que mentes são destruídas em razão de seu desejo por objetivo, propósito e significado na luta pela vida. Estranho e quase ridículo como possa parecer aos ouvidos de pessoas modernas, pode-se dizer verdadeiramente que a filosofia é e sempre deverá ser a verdadeira salvadora do homem.

Mas as verdades e ideais mais sublimes estão retratados para nós onipresentemente nas coisas mais comuns da natureza. Possivelmente o que há de mais comum no mundo são árvores. Exatamente por serem elas tão comuns, deve-se presumir que incorporam a ideação universal da maneira mais verdadeira. E assim o fazem, verdadeiramente. Quando a natureza conta uma história, ela não pode ser falsa, não pode levar a mente para o caminho errado. A natureza pode apenas revelar a verdade, porque é ela a própria verdade que se torna visível no mundo real. Os filósofos têm debatido durante eras se as coisas concretas como árvores, rochas, rios, são coisas reais ou apenas a aparência de coisas reais. Todo o mundo visível das coisas pode ser uma ilusão da mente humana, alegam eles. A verdade óbvia é que essas coisas são em verdade a aparência de coisas reais, já que emergiram do mundo invisível de número, ou pensamento divino, e que se tornaram aparentes nesse mundo externo de realidade. Elas não eram, entretanto, mera aparência no sentido de serem uma aparência irreal de fantasma ou sombra de realidade, como têm sido geralmente descritas. Foram as formas da própria realidade que chegaram a se materializar em nosso mundo. A filosofia precisa fazer essa correção vital em seu pensamento. Qualquer coisa que é deve ser real. A disputa filosófica sobre realidade e ilusão constitui apenas uma questão de relatividade, contingente aos níveis de consciência presentes para avaliar a realidade. Qualquer coisa é real para o nível de consciência que a pode perceber, mas real para aquele nível e não para outros níveis. Uma onda de rádio de 800 Hz é real para o receptor sintonizado para captar aquela frequência. Não é real para uma diferente sintonia do mostrador. O homem – e os filósofos – solucionariam melhor essa questão de realidade com base numa aceitação ingênua, de que nossa experiência aqui é real. Esse mundo é real, terrivelmente real, para nós. Poderá não ser real para querubins e serafins; mas isso não deveria nos enganar, como o fez com alguns equivocados religiosos "espiritualistas" em nossos dias e no passado, para pensarem que podem tratar esse mundo como irreal. Ao longo desse caminho ideológico repousam os ossos embranquecidos de muitas personalidades destruídas, sob o aspecto filosófico e psicológico.

A Árvore da Vida Ramificada

A árvore, como símbolo, narra a história da vida com maravilhosa plenitude e vívida clareza. Em sua forma e configuração é quase um quadro, em si mesma, da estrutura do plano criativo cósmico e constitui um verdadeiro retrato do conceito ideológico do homem sobre a forma e o modo de manifestação da vida. Se alguém se dispusesse a construir um diagrama dos processos de criação, seu lápis quase que seguiria a ideia de traçar uma figura que muito lembraria uma árvore. Por que? Porque ter-se-ia de desenhar uma linha escura a partir de um plano de raiz ou origem, como o chão, representando o único e indiferenciado córrego de energia criativa e, então, ramificá-lo em dois riachos e, novamente, dividi-los, e as suas ramificações e ramificações menores numa separação e divisão sempre crescente. Pois é exatamente assim que o impulso criativo emerge do seu centro basal e ramifica-se em inumeráveis braços e linhas de força, para permear finalmente a área total do universo que está a criar.

A árvore e o rio eram os dois símbolos adequados e usados mais frequentemente para representar o fluxo da energia viva da criação. A árvore retratava vividamente a emanação da corrente da vida a partir de uma fonte indivisa e a subsequente divisão e ramificação; assim tipificava a direção da vida que emana para o exterior, ou involui no início de um período criativo. O rio, da mesma forma, simbolizava graficamente o retorno ou direção evolutiva a partir dos muitos córregos afluentes, de volta para um único canal e para o oceano universal. Pois a árvore emana do chão como um único rebento e depois se divide em muitos. O rio inicia-se com múltiplos riachos e nascentes e finda unindo-os todos no mar comum. Quando o gênio tipológico quis mostrar que as duas forças da vida, a de ida e a de retorno, juntam-se e misturam suas energias nos mundos manifestos – como o fazem na esfera humana e no seu corpo – eles representaram as duas forças trabalhando em conjunto. Falando do homem justo, a bela linguagem do Bíblia diz:[2] "Ele será como a árvore plantada junto às águas." O Selo de Salomão, ou dois triângulos entrelaçados

[2] Jeremias 17:8. (NT)

de simbolismo esotérico, constitui uma monografia dessa inter-relação, pois um triângulo aponta para baixo, o outro para cima. A direção para baixo representa a descida da alma à matéria, o que aponta para cima tipifica o retorno de volta à fonte espiritual infinita. A mitologia nórdica, entretanto, retratou as duas direções por meio da grande árvore da vida, *ygdrasil*, ambas enraizadas na terra, alcançando o céu, e enraizadas no céu, estendendo os seus braços para baixo, até a terra. A involução traz a vida para baixo e ramifica-se sobre a terra; a evolução a traz de volta ao céu. A *banyan* e outras árvores menos visíveis exemplificam ambas as direções. Qualquer árvore se dirige para baixo no interior da terra, como semente ou rebento, e retorna ao céu ao desenvolver seu corpo.

Assim, a árvore junta ao rio foi empregada pelos místicos da antiga verdade divina como símbolo da primeira,[3] a distribuição, e, em seguida, de reunificação dos rios de vida da força criativa que, como os quatro no *Gênesis*, originaram-se do ser de Deus e a Ele retornaram. A magnífica filosofia esotérica grega – cujo renascimento, sugere-se, pode ser hoje a resposta para o grande grito do mundo pela cultura humanitária – representava os deuses, que são os longos braços e agentes da própria energia de trabalho de Deus, como sendo os "distribuidores de divindade". Nenhuma frase poderia ser mais esclarecedora para nossas embotadas forças de compreensão. Jesus disse: "Vim lançar fogo na terra" [Lucas 12:49], e depois, ao ilustrar o significado de partir um pão em pedaços e distribuí-los a cada um dos seus discípulos, declarou que estava partindo seu corpo em fragmentos de sorte que uma parte pudesse ser distribuída a cada um. Novamente ele exemplificou essa divisão ao "multiplicar" os pães e os peixes para alimentar a multidão faminta. Tudo foi projetado para ilustrar o grande e esquecido princípio da antiga "teologia divina" de que os raios e correntes de força criativa que fluem do coração de Deus apresentam-se primeiramente como como um fluxo indiviso, depois se ramifica e divide-se infinitamente para alcançar e suprir cada recanto e fissura de estar no universo. Os gregos chamavam a essas correntes de força formadoras "rios

[3] Uma provável referência ao processo de involução (NT).

de vivificação". Eles se iniciam a partir do céu como uma corrente indiferenciada e alcançam a periferia da criação em incontáveis ramos. Então, tendo saído e realizado seu trabalho de "regar toda a superfície do chão", eles, exatamente como os capilares de nosso próprio sistema sanguíneo, voltam de suas inumeráveis nascentes e começam a se fundir, com os muitos transformando-se em poucos para, finalmente terminarem no Um do qual eles emanaram. Se isso não retrata, até mesmo para a mente dos mais idiotas, a metodologia e os processos do trabalho criativo de Deus, é difícil conceber como poderemos ser ensinados sobre a óbvia verdade.

É interessante aprender a respeito das árvores específicas escolhidas pelos sábios para tipificar o modo criativo. As nações nórdicas usavam o freixo e o pinho, este último em função da sugestão arrebatadora de imortalidade da alma já que ele permanece sempre verdejante durante o inverno, o período da "morte". Os druidas e os gregos, usavam o carvalho. As religiões mediterrâneas e do Oriente usavam alternadamente a palmeira, a oliva, o banyan, o pinho, a tamargueira, o figo, o boddhi, o zimbro, o cipreste, o cedro, a azinheira, o vinhático, o gafanhoto, ou acácia (a árvore sagrada da maçonaria), e o figo sob o nome de sicômoro. (Gerald Massey o nomeia figo-sicômoro). O Apocalipse fala das duas testemunhas, que chama de as "duas oliveiras". Textos egípcios falam dos "dois sicômoros do céu e da Terra", em verdade uma nomenclatura ricamente reveladora, já que a descrição nos permite ao menos conhecer o que significam essas duas testemunhas ou as "duas árvores". São agora claramente vistas como os dois rios da força viva, um que emana do céu, e o outro, que se eleva da terra, cujo trabalho correlacionado leva vida através de cada um de seus grandes ciclos. Uma testemunha constitui o rio da involução que flui em frente, a outra o rio da evolução que flui em retorno – carregando em si seus ganhos. O significado misterioso de muitos textos da Bíblia teve de aguardar esses dois mil anos para que a descoberta da pedra da roseta (em 1796) suprisse a chave de uma interpretação perdida. O Egito redimirá um cristianismo decadente e a sua desconcertante Bíblia. O tempo do desprezo cristão pelo "paganismo" já faz parte do passado.

O Fruto "Proibido"

Há que se buscar agora a solução do problema dialético desconcertante implícito nas proposições teológicas convencionais, ortodoxas e homenageadas ao longo do tempo, embora não inteligíveis racionalmente, baseadas nos versículos do *Gênesis* que parecem declarar que o homem estava impedido, por ordem divina, de comer o fruto da árvore da vida e do conhecimento. A linguagem é incompetente para transmitir qualquer compreensão adequada da bestificação prejudicial do senso comum saudável que a distorção totalmente truncada e deturpada do significado dessa suposta ordenança divina infligiu à humanidade ocidental ao longo de muitos séculos. O "fruto proibido" e a alegada desobediência do homem a Deus ao comê-lo, bem como o castigo para toda a humanidade como consequência disso, tornaram-se assim bichos-papões de proporções frankensteinianas, entupindo a consciência geral do mundo ocidental com uma obsessão paralisante de admiração, dúvida, medo e remorso vicário por muitas eras. A devastação psicológica e a destruição causada em mentes sensíveis doutrinadas desde a infância com essa concepção maldosa são incalculáveis. Sua preeminência lúgubre no centro da estrutura teológica ocidental justifica plenamente seu lugar entre as três primeiras linhas do grande épico de Milton:

> Da primeira desobediência do homem, e a fruta
> Daquela árvore proibida cujo sabor mortal
> Trouxe a morte para o mundo e todos os nossos infortúnios.

Horripilantes e cruéis foram as implicações fatalistas da lenda teológica de que comer os frutos de uma árvore – em sentido literal – pelos nossos "primeiros pais" provocou a "queda" do homem e levou para sempre as raças que deles descenderam à pena de expulsão de um lugar no Paraíso e a uma vida de labuta, dor e tristeza sobre a Terra, sendo a morte a inevitável sorte no final. Ela se escondeu nas sombras escuras do subconsciente ocidental, tornando-se uma ameaça à felicidade e constituindo-se num forte freio ao prazer natural da vida. Só a robusta recusa à imposição teológica pela força e pelo senso instintivo natural do homem a respeito da preciosidade da vida, a despeito do poder enfraquecedor dos equívocos religiosos miasmáticos, reduziu em certa medida as consequências esmagadoras da falsificação. Se o Ocidente estivesse disposto a uma introversão subjetiva como no Oriente, as consequências fatais de sua dependência cega a uma teologia estranha e macabra como aquela crença assombrosa prevalecente, teriam sido catastróficas para além de tudo o que se pode imaginar. Teriam elas afundado o Ocidente num pântano de morbidade que teria adoecido toda a sua psicologia moral. De fato, em um grau não comumente vislumbrado, ela realmente fez exatamente isso, apesar de toda a objetividade agressiva e extroversão da visão do Ocidente. Protagonistas de outras religiões, ao debaterem com os cristãos, poderiam bem dizer que o cristianismo é a religião que tem afligido seus devotos com a convicção do pecado universal e isso sem referir-se ao mérito ou demérito do pecador. Ela os condenou pelo pecado antes que nascessem. As revelações modernas da ciência psicanalítica estão bem preparadas para nos informar qual poderia ser, e tragicamente tem sido, o resultado psicológico de tal persuasão e fascínio geral sobre a mente de bilhões de pessoas ao longo de gerações desde Belém. Essa ciência afirma que, para cada influência mental depressiva, temos de pagar uma pesada pena sob a forma de inibições, neuroses, patologias e contemplar graves desventuras. A enormidade dessa conta psíquica está além de qualquer estimativa.

Essa catástrofe cultural é ainda mais inexplicável porque existem outros versículos e afirmações claras na Bíblia que contradizem virtualmente ou contrariam todas as implicações do mandamento divino tal como concebido pela teologia. A razão e a filosofia deviam, por si mesmas, insinuar a qualquer mente pensante que Deus não poderia, por uma questão de coerência, colocar o homem num jardim da vida e depois proibi-lo de comer os frutos de sua experiência viva. Um erro grave em âmbito mundial poderia ter sido evitado se a razão humana não tivesse sido subvertida pela obsessão doutrinária. Com a vida dada e conhecido o fruto certo de sua experiência, um mínimo de pensamento lógico poderia ter assegurado a razão pela qual a alegada ordem de Deus imediatamente a condenava por inconsistência dialética. Ela acusa-o de conceder-lhe simultaneamente vida e proibi-lo de vivê-la. Não pode ser considerado um ato coerente Deus colocar o homem no mundo da vida, ordenar que ele cresça e se multiplique e, então, negar-lhe o direito de participar do fruto de sua experiência e, predominantemente, do fruto daquela árvore que produz vida e conhecimento e é inevitável e indispensável ao aumento e multiplicação da humanidade?

A arte da alegoria antiga chegou ao mundo num baixo momento de sua inteligência e enterrou a mente interpretativa da cristandade no pior lamaçal de equívoco que jamais afligiu a fantasia humana. Nossa monotonia de compreensão e estupidez vazia para lidar com nossa grande herança do antigo misticismo desfigurou e marcou a face da história.

Mas, se a razão não conseguiu evitar o cataclismo mental, existem coisas na Bíblia que deveriam ter contrariado a terrível aberração. Se comer do fruto da árvore da vida está aparentemente proibido no terceiro capítulo do Gênesis, esse ato está, ao contrário, *afirmado expressamente* como direito do homem no último capítulo da Bíblia. Esse livro contradiz frontalmente, em seu último capítulo, o que parece afirmar em seus primeiros capítulos. O 14° versículo do capítulo final (22°) do *Apocalipse* diz o seguinte: "Bem-aventurados aqueles que guardam os seus mandamentos, para que tenham direito à árvore da vida, e possam entrar na cidade pelas portas." [22:14 – NT]. Aqui o direito do homem de se alimentar da árvore é enunciado em termos francos. Do mesmo modo, nada se encontra parecido com a proibição na afirmação bíblica de que "as folhas de árvore deverão ser para a cura das nações." Infelizmente a força iluminadora de tal versículo tem sido ofuscada pela ignorância de tudo aquilo que leva a crer que *esta* árvore é a mesma que se encontra no jardim. Esse contratempo mental decorreu do fracasso em saber-se que a Bíblia constitui bela alegoria e não excêntrica e estranha "história". A alegoria fala de apenas uma árvore, pois os símbolos trazem em si apenas uma conotação específica. A história argumentaria que essa árvore das folhas curativas era outra árvore. Ela até mesmo tentaria localizá-la nalgum lugar, nalguma montanha ou vale, como tentou localizar o próprio jardim no Vale do Eufrates. Apenas de passagem, pode-se mencionar a sagrada árvore da sabedoria tibetana chamada de *mani-koum-boum*, ou "árvore dos dez mil preceitos". Afirmou-se que na parte inferior de cada folha estava escrita uma norma áurea de verdade religiosa. Lê-se que ela se encontrava no chão do templo, em algum lugar. Lamentável é que tal ilustração, que trata de uma verdade esplêndida, tenha levado mentes a uma flagrante loucura. Uma mente astuta, numa reflexão momentânea, pode ver que se trata de uma dramatização ou simbolização da extraordinária verdade de que as forças da vida se desdobram em expressão viva, e que cada experiência factual, poetizada como uma folha dessa árvore poderosa, revela sua própria lição moral, ou preceito, para a criatura que a vivencia! A fantástica ideia literal corrompe e adoece a mente, a redação alegórica dela liberta e cura a mente. Tolstoy, o grande russo, em 1911, teve uma extraordinária visão sobre as guerras nos Balcãs e a Primeira Guerra Mundial, que foram exatamente materializadas. Um dos aspectos de sua visão ainda se concretiza: ele viu a religião se salvando ao *retornar ao símbolo e à alegoria*. Os primeiros e cultos padres cristãos incitavam a interpretação alegórica das escrituras! Depois, padres menos instruídos criticaram e anatematizaram-na fortemente. O resultado do último erro apresenta-se apenas inexprimivelmente num milhão de formas de ilusão mental e desgraças psicológicas sob os nossos olhos na história passada e presente.

Os elementos recônditos da alegoria abortaram completamente e enganaram miseravelmente as mentes crédulas dos religiosos durante muitos séculos. A árvore da vida é o fluxo da corrente da experiência de vida, e os deuses enviaram o homem a esse meio mundano expressamente *para* participar de seus frutos na medida plena de sua capacidade. A concepção do fruto proibido, em sua forma grosseira teológica e aceita popularmente, deve-se dizer, aproxima-se da mais escandalosa ilusão da crença humana de jamais capturar a fantasia ingênua da humanidade.

A frase no último capítulo do Apocalipse nega completamente a ideia de que o primeiro homem violou a lei divina ou desobedeceu a Deus no jardim. Confirma ela o direito do homem de comer do fruto da árvore.

Representações e vinhetas encontradas em documentos antigos retratam a cena da "tentação" no jardim. Há a árvore, com a mulher de pé ao lado de seus galhos; a serpente, estendendo a cabeça a partir da folhagem e sussurrando em seu ouvido, enquanto ela entrega uma xícara do suco do fruto da árvore ao marido ao seu lado. É a alegoria sendo reproduzida em vinheta.

O Suco da Fruta

Caso alguém queira discernir toda a relevância de cada item do simbolismo, é mais que necessário compreender o que o suco do fruto da árvore significa. É bastante óbvio e não há desculpa para a sua falta por tanto tempo, em detrimento universal da humanidade. Em que se constitui o suco de uma fruta? Trata-se da essência líquida que é forçada para fora sob pressão física e contém nela a essência íntima das forças nutritivas da fruta. Essa descrição delineia para nós um amplo segmento sobre o significado de toda experiência. Isso sugere magistralmente o grande fato de que toda a vida é constituída de essências mais finas contidas em conchas mais grossas, e necessitadas (as mais finas) de se expressar (sendo expelidas sob pressão) através da pressão das circunstâncias físicas da vida. Na árvore há a parte externa dura, depois a seiva fluida, e dentro desta a essência vital. Analogamente, há no homem seu corpo físico exterior, grosseiro, dentro dele o sangue e, nele, como sabemos, a eletricidade *prânica* da vida. Tudo isso nos proporciona uma analogia com a própria experiência. Externamente, nossa experiência consiste primeiramente de atos físicos, estados e fenômenos. Mas a um passo para o interior, ela consiste de reações conscientes aos contatos físicos brutos; primeiramente sensação; em seguida, um passo para dentro, emoção; outro passo para o interior e, como o resultado de sensação e emoção, gera-se o pensamento; e ainda indo para o interior, surge finalmente o último ser espiritual do homem numa afirmação de vontade e propósito, a última reação.

Agora, faz-se mister uma vasta quantidade de experiência externa para alcançar profundamente o interior e depositar seus efeitos finais sobre a alma mais profunda e, por assim dizer, espremer sua reação espiritual. Assim como são necessárias centenas de toneladas de carvão bruto para produzir, por destilação, uma onça de poder sublimado em forma de rádio (elemento químico radioativo), também são necessárias vastas quantidades de experiência física, sensual e emocional para gerar nas profundezas do ser uma única e dinâmica realização, um único lampejo de esplêndida luz, no interior mais profundo da consciência. Constitui essa uma analogia das mais edificantes e verdadeiras.

A essência mais sublimada e, portanto, mais preciosa do significado e do bem da experiência consciente do homem, deve ser forçada à realização sob pressão de vastas quantidades de experiência sensual externa. Desse processo e fenômeno, o espremer do suco do fruto de uma árvore é o tipo analógico e externo perfeito.

O suco do fruto da árvore da vida e do conhecimento deve, portanto, ser compreendido como um modelo mental poderoso e entendido como a reação final da alma, ou depósito na consciência, advindo de todo o processo da experiência mortal. O homem participa desse néctar vivificante, esse vinho da vida, apenas na medida em que sua experiência o pressiona com força suficiente para extrair de sua alma mais profunda suas reações mais divinas.

E agora apresento uma liberação surpreendente da verdade perdida, impressionante e significativa o suficiente em si mesma para causar furor nos círculos religiosos. Está fora de dúvida que essa a taça dessa essência viva, essa seiva da árvore da vida, esse suco do fruto da árvore viva da criação, que a mulher oferece ao homem, no *Gênesis*, é *a mesma taça* que o indivíduo Jesus, no *Novo Testamento*, no seu grito agonizante na cruz, roga a seu Pai que a afaste dele! Após o primeiro choque de sua revelação, essa afirmação não deverá ser considerada nem tão estranha ou tão improvável, quando outra liberação de verdade esquecida e outro espantoso desenlace de um seguimento correto de simbolismo, traz consigo similar declaração, até mais reveladora, de que a árvore do jardim da criação é *a mesma* sobre a qual Jesus foi crucificado! "... ao qual vós matastes, suspendendo-o no madeiro."[4] é uma das passagens bíblicas que usa a palavra "árvore" ao invés de "cruz". Ignoram que existem muitas lendas antigas em que se manteve viva a tradição de que a cruz do Gólgota foi cortada da madeira de uma árvore que descendente de um ramo, semente ou rebento da árvore do paraíso. As lendas às vezes preservam a verdade com maior segurança que as escrituras. É marcadamente assim, nesse caso.

Quando a natureza alegórica-simbólica da composição bíblica antiga for melhor conhecida, não haverá dúvida de que Cristo foi crucificado na árvore da vida. Como esta árvore continua a desdobrar o seu crescimento durante o longo ciclo, obviamente que o Christos deve ser representado como sendo crucificado em suas contínuas novas propagações, de geração a geração.

Da mesma forma, Jesus foi tentado por Satanás, "aquela velha serpente" do *Apocalipse*; e assim temos quatro itens centrais da mesma história, a árvore, a taça, a serpente e a tentação nas formulações da tipologia arcaica, tanto no *Gênesis* como no *Novo Testamento*. Essas marcas de identidade entre os dois eliminam todas as possíveis fraudes que foram usadas para separá-las como episódios históricos separados e diferentes! A certificação dessa identidade constitui uma revelação e uma revolução de proporções gigantescas em toda a *systemologia* religiosa. Ela torna obsoleta, de um só golpe, uma vasta massa de lucubrações, pesadas e encharcadas, que têm deploravelmente mal concebido e deturpado o verdadeiro e luminoso significado da estrutura da teologia. Os raios benfazejos de uma nova aurora de luz e compreensão rompem acima do horizonte com essa proclamação.

A Serpente Astuta

Igualmente revolucionário em seu significado é como deve ser visto o próximo ponto de exegese: o da identida-

[4] Em inglês esta passagem registrada em Atos 5:30 está escrita assim: *Him whom ye slew and hanged on a tree*, que numa tradução mais literal seria "Ele a quem vocês mataram e enforcaram numa árvore". [NT].

de do caráter da "serpente" no drama. A grande iluminação que a história da criação estava projetada para dar ao mundo foi tristemente atenuada por nossa pura incapacidade de identificar adequadamente os personagens que representam o grande cenário cósmico. Na religião eclesiástica, nem uma palavra foi proferida, em séculos, que indicasse a mais remota sugestão quanto à verdadeira referência desse sutil vilão na peça de criação. Ainda assim, o olhar ignorante e a admiração crescem a respeito do porquê Deus, onipotente e onisciente, permitiu que uma cobra entrasse em contato com o primeiro par humano e o seduzisse tão rapidamente à sua – e à nossa – "queda" eterna. O raciocínio comum sugere que foi um pouco injusto e imprudente de parte do Pai Todo-Poderoso lançar uma tentação gigantesca no caminho de nossos primeiros progenitores, no início de sua carreira. É preciso pensar que Ele deveria pelo menos ter dado a eles tempo para se nortear e aprender, por experiência, o funcionamento das leis divinas para sua orientação, antes que se lhes impusesse uma severa proibição, com seu destino eterno em jogo naquela questão.

A crença comum e a ignorante tutela dos seminários têm assumido que, de todas as intimações superficiais da história, a serpente astuciosa era a arqui-inimiga de Deus e uma conspiradora contra o seu bom trabalho. A compreensão correta deve esclarecer essa *dramatis persona* tanto da conspiração maligna quanto da inimizade contra o Supremo. Uma das primeiras seitas dos cristãos primitivos foi a dos ofitas que "veneravam" a serpente (em grego: *ophis*) como seu símbolo principal. Um cristão ingênuo e equivocado poderia de um salto chegar à conclusão de que esses cristãos hebreus deviam ter o status de selvagens tribais com a horrível ilusão de que o seu deus era a serpente. Mas podemos ver que até mesmo Moisés *levantou* a serpente na cruz no deserto, agindo supostamente sob ordens de Deus, assim, de uma forma ou de outra, esse temível réptil deve ter permanecido como símbolo de algo de bom por um lado de seu significado.

A familiaridade comum com o símbolo da serpente na literatura antiga, especialmente da serpente Uraeus dos egípcios,[5] e um estudo mais sábio da religião comparada teriam evitado o erro mundial antigo de confundir a serpente com um elemento hostil no trabalho da criação. As pessoas têm ficado intrigadas, depois de lerem as *histórias* da serpente maligna, ao *ouvirem* o instrutor divino no *Novo Testamento* ordenar aos seus seguidores que "sejam sábios como as serpentes". A crença cristã popular certamente reduziu a representação mítica da grande verdade cósmica em suas próprias escrituras a uma mistura de esquisitices incompreensíveis.

O instrutivo significado gráfico e vívido desse símbolo animal comporta interpretações boas e sugestivas que a criatura fornece ao pensamento. A sagacidade nos tempos antigos capturava rapidamente uma analogia bastante minuciosa entre a sua forma, suas características e hábitos de vida, e a forma geral dos próprios processos evolutivos. Seu comprimento corporal, permitindo que ela se enrole, em geral em forma de espiral, em torno de sete dobras, com a cabeça subindo ao alto ou culminando, forneceu um impressionante retrato da grande força criativa em si própria. Como a serpente, essa energia oscila sempre sete vezes em torno de seus ciclos maiores e menores, e ergue seu produto culminante, o que é claramente suficiente a consciência mais alta centrando-se na cabeça, no ponto mais alto da realização. A cobra, deitada e enrolada sete vezes ao redor de si mesma formava um buraco central chamado pelos gregos de "buraco da serpente", ou o ciclo de necessidade (*kuklos anagkes* – o *kukl-os* tornando-se *cycl-e* em inglês). Isso era o emblema da inescapável necessidade das sete voltas da alma através das rondas dos elementos para conseguir o seu crescimento evolutivo.

A serpente, então, tipifica com precisão e representa, como figura dramática na alegoria, a grande lei cíclica, ou lei da evolução, que rege toda a vida da criatura que oscila eternamente ao redor dos sete ciclos de encarnação nos graus mais baixos da matéria. Sem essa imersão nas profundezas da matéria e o aumento do crescimento que daí advenha, a alma não poderia evoluir mais. A serpente simboliza, portanto, a lei totalmente benéfica da própria vida. A mais clara forma de a

[5] *Uraeus* é um símbolo da deusa Wadjet, uma das mais antigas divindades egípcias, descrita frequentemente como uma cobra. (NT).

parafrasearmos em linguagem moderna é dizer que a serpente é exatamente a "lei natural".

Mas agora, quando, por uma questão de representação e ênfase dramáticas, pela fraca ideação humana, da diferença na hierarquia cósmica e da oposição da função entre a lei natural automática da *physis* (como os gregos a chamavam) e a maior a lei espiritual da mente divina, a primeira sendo, como nós, as atividades subconscientes de Deus, e a segunda sua inteligência diretiva consciente, os dramaturgos pintaram o réptil rastejante que carregava o simbolismo do automatismo inferior nas cores do mal (comparativo). As duas leis, a natural e a espiritual, operando conjuntamente na natureza do homem, são contrárias, mesmo num sentido de oposição entre uma e outra.Já que a vida se bifurca na eterna dualidade de espírito e matéria, alma e corpo, as duas forças são postas em oposição uma à outra. Mas foram necessários milhares de anos de sagacidade para avaliar essa oposição em sua verdadeira dimensão e proporção de entendimento equilibrado. O equívoco grosseiro ao qual o antigo simbolismo da verdade superior e obscura tem sido submetido e pelo qual foi ele mutilado numa verdadeira falsidade de seu verdadeiro sentido interior, destruiu o elevado significado original desse arcabouço simbólico. Ele tem confundido a oposição de relação, posição e função, pela oposição de modelo moral e espiritual e propósito. Ele tem confundido a oposição de polaridades pela oposição entre *bem e mal*. Ou, tem compreendido equivocadamente a oposição de direita e esquerda, alavanca e fulcro, simetria e equilíbrio, dedos e polegares, com a oposição entre mau e bem. Tem tomado um dos dois braços opostos do ser, os quais sustentam os mundos, e, abstraindo-o de sua relação com todo o processo, declarou que ele era mau. Todo trabalho, inclusive o criativo, é realizado pelo esforço mútuo da força contra a resistência e da resistência contra a força. E que loucura para os filósofos, até agora, de caírem no erro de chamar a força resistente de mal, porque parece estar bloqueando o esforço da força de trabalho! Ambas são igualmente necessárias e, portanto, igualmente benéficas e boas. São as duas metades do ser completo. É sua função equilibrar, estabilizar e finalmente efetivar os valores que sua tensão fez nascer. Se uma delas falhasse em conservar sua natureza e função, a outra entraria em colapso com ela, imediatamente. É a repulsão e atração entre as duas que assegura a existência do universo. Sua cooperação é aquela de função e instrumento, objetivo e meio, e é necessário que tomem o seu lugar em lados opostos da polaridade e forneçam uma à outra a resistência que por si só estabilizaria suas atividades em dados momentos e lugares no cosmos. A oposição entre matéria e espírito não é má, tanto quanto não é a oposição entre homem e mulher, escuridão e luz, calor e frio. A vida não poderia avançar para patamares mais elevados em seu desdobramento se os dois extremos da polaridade eterna não fossem opostos um ao outro e se contrapusessem entre si. São opostos um ao outro; sim, em pleno modo de função, mas certamente não se opõem em objetivo final e benevolência.

O equívoco imprudente sobre a oposição das polaridades tem introduzido em todas as religiões as excentricidades mais prejudiciais da crença e conduta que talvez jamais foram registradas no aspecto fraco da ideação humana. A história é demasiadamente horripilante de se relatar. Ela fez com que bilhões de mentes vivessem sob a sombra do pressuposto de que a natureza, o mundo, a carne, o próprio corpo do homem – estão em oposição à sua alma – as funções e desejos naturais, o próprio desfrute da vida do homem no corpo, são todas as formas de mal. Levou milhões, em todas as eras, a tentarem esmagar e mortificar o lado carnal e natural de suas vidas. (Um trabalho posterior tratará exaustivamente desse aspecto). Está tão profundamente entrelaçada na textura do presente ensaio em relação à árvore do conhecimento que teve que ser dado um tratamento introdutório apressado. Pode-se ver que a habilidade da sagacidade filosófica do homem de discernir corretamente a própria verdade aqui exposta e, assim, equilibrar sua vida entre as duas pressões funcionais do bem e do mal, como se vê na visão humana comum, e perceber que, afinal, todas as coisas, apesar das aparências em contrário, estão trabalhando em conjunto para o seu bem e são boas em si mesmas, entendendo-as como o bem dividido em seus aspectos bipolares de função e instrumento, equilibrando, não frustrando uns aos outros, – essa habilidade do homem de alcançar um aspecto desse equilíbrio na percepção conceitual de que a oposição dos dois é totalmente benéfica e salutar, é em si um dos principais objetivos de sua vida.

Portanto, está entrelaça na história o próprio nome da árvore. A árvore da vida carrega em seus ramos mais externos os últimos brotos e flores e frutos do conhecimento, cujos frutos consistem na consecução final do homem de gênio de saber que tanto o bem quanto o mal, como aparentes a um entendimento inferior, resolvem-se numa síntese superior de compreensão, em que ambos se fundem naquilo que está "além do bem e do mal". Mas é necessária toda a experiência da vida em corpos terrestres – e os antigos acrescentaram muitas dessas vidas – para abrir os olhos dos mortais à percepção da não realidade da aparente oposição entre o bem e o mal. Assim, somente quando o casal humano – eles próprios uma expressão da dualidade polar – a "oposição" do homem e da mulher – houveram comido do fruto "proibido" então "os olhos deles foram abertos". Pois a serpente expressou para a mulher a própria essência do parágrafo aqui escrito, de que se eles comessem do fruto desta árvore, então, "no dia em que dele comerdes se abrirão os vossos olhos, e sereis como Deus, sabendo o bem e o mal." [Gênesis 3:5 – NT].

Aqui está a comprovação de que a deificação do homem, a meta distante e a coroação de seu longo curso de evolução, vem com sua mente a elevar-se ao topo da montanha, de onde ele pode ver o bem e o mal se fundirem em uma transcendente consumação de beneficência.

Os Doze Frutos da Árvore

Novamente, o último capítulo da Bíblia suplementa e ilustra o primeiro. Nada é mais revelador que o seu segundo versículo. O vidente anunciou que o espírito lhe mostrou o "rio puro da água da vida, claro como cristal, que procedia do trono de Deus e do Cordeiro." "No meio da sua praça, e de um e de outro lado do rio, estava a árvore da vida, que produz doze frutos, dando seu fruto de mês em mês; e as folhas da árvore são para a saúde das nações." [Apocalipse 22:1 e 2 – NT].

Dificilmente poderia ser encontrada uma delineação mais sublime do gráfico da existência histórica do homem e de seu esquema de desenvolvimento em qualquer lugar da literatura poética. O grande fluxo de energia criativa vivificante flui da mais alta ou mais íntima sede do Ser e alimenta o crescimento dessa árvore de existência orgânica construtiva, a vida do homem como criatura, entre as demais. O item mais luminoso da representação é que a árvore cresce em qualquer lado do rio de água. Nessa única frase, se a percepção esotérica houvesse prevalecido sobre a literalidade estúpida, ver-se-ia a imediata repreensão e negação daquela vastidão de religiosidade piedosa e suposta filosofia "espiritual" que elevava e adorava o espírito e igualmente depreciava a natureza, a matéria e o corpo. Pois a árvore possui, e tem de possuir, suas raízes firmemente aterradas em ambas margens do rio, a espiritual e a material. Aqui está a verdade que a humanidade precisa desesperadamente e nunca mais que agora. O destino da religião, filosofia, cultura humana pende precariamente em equilíbrio até que esse ponto seja confirmado em todas as mentes pensantes.

O Gênesis não diz expressamente que a árvore possui "doze tipos de frutos", mas o *Apocalipse* sim. Novamente temos aqui instrução poderosa. O homem, soube-se certo tempo, deve desenvolver, ao longo do curso total de sua vida, doze formas distintas ou faculdades de consciência superior, às quais concederá plena função ao se tornar o deus que está destinado a ser. Esse conhecimento básico foi a base e a origem de todas as divisões em dúzias na literatura arcana e no simbolismo religioso. É genérico para os doze meses do ano, as doze horas (duas vezes) do dia, as doze tribos de Israel ou os filhos de Jacó, os doze discípulos do Cristo – que eram "pastores" sob o signo de Áries, "pescadores" sob o signo de Peixes – os doze pilares de pedra nos antigos templos, as doze linhas das quatro faces da grande pirâmide e muitos outros tipos de representação que empregam o número doze. Os homens serão como deuses quando tiverem aperfeiçoado esses doze frutos; cada "mês" constitui mais uma jogada, no simbolismo do processo evolutivo, no qual cada período cíclico é visto como gerador de seu dado produto espiritual, numa ordem regular de crescimento.

As Folhas Curadoras

O significado da afirmação poética de que "as folhas da árvore são para a saúde das nações" é de valor transcendente; e mais uma vez foi perdido em razão de uma religiosidade quase cega. Por que são as *folhas*, e não as raízes, tronco ou galhos, que devem curar a humanidade, é o ponto de referência alegórica que deve ser revelado. O ensinamento para nós está oculto na percepção de que as folhas são uma manifestação periódica e distintamente cíclica, na vida da árvore. Elas são projetadas sazonalmente no corpo externo daquilo que é perene e vivem e morrem segundo uma periodicidade regular. A vida do corpo permanente da árvore estende-se anualmente além de seu limite anterior e constrói para si uma nova extensão de seu corpo, por meio da qual pode experimentar uma nova era de crescimento. A alma permanente do ser deve se pôr a exercitar constantemente em nova encarnação e de forma recorrente. A alma da árvore tem sua experiência sazonal nesse veículo transitório, produz seu fruto e se retira no final do ciclo, apropriando-se dos produtos de sua atividade anual na folha, mas deixando o corpo externo dessa folha murchar e morrer, aos ventos do outono.

Em face dessa demonstração repetida eternamente dos processos da vida, é inútil para a ignorância impassível negar por mais tempo a metodologia pela qual ela carrega os ganhos de um ciclo para usar como capital nos ciclos infinitos seguintes. Essa metodologia fala em tons inquestionáveis de afirmação da tese cristã primitiva, antiga e universal, de que o espírito reencarna em corpos materiais repetidas vezes até o dia de sua perfeição, em cada âmbito cíclico de força instrutora. A Igreja violentamente jogou fora a doutrina no sexto século, no Segundo Concílio de Constantinopla, mas a abrigava até então. Seria bom que esse fato proeminente da história da Igreja não fosse tão zelosamente ocultado.

As sucessivas encarnações de unidades da mente espiritual, que são os "filhos de deus", fragmentos individualizados de semente da própria consciência de Deus, em corpos de matéria física em um dado planeta são, de fato, as "folhas" apresentadas pela árvore da vida, estação após estação, e essas encarnações e a experiência que elas oferecem às almas que estão passando por elas serão verdadeiramente suficientes "para a cura das nações". Pois, somente mediante a repetida incorporação em tais vasos mundanos de carne, pode a alma de Deus adquirir aquele longo curso de instrução e iluminação que acabará, por meio da abertura de seus olhos à verdade, curando-a de todas as imperfeições que a limitam e afligem por causa de sua ignorância inicial. A árvore é a árvore do conhecimento, e os seus doze frutos são aqueles doze segmentos da completa compreensão e domínio divino sobre os mais profundos segredos da vida. Com tal sabedoria aperfeiçoada, os homens das nações humanas curarão suas enfermidades e revelarão nas suas vidas beleza e felicidade. Quão insistentemente o *Livro dos Provérbios* traz para o lar a preciosidade de conhecimento, sabedoria e compreensão, afirmando que eles suplantam em valor tudo o que o coração pode desejar. E especificamente diz que serão eles "saúde" para o homem que os possui. Somente por meio da contínua encarnação a alma pode ascender ao ponto de conhecimento que lhe permitirá se libertar de todos os seus males.

A rodada anual de atividades vivas da árvore forma um análogo perfeito das atividades similares da árvore da vida em cada esfera mais alta e mais vasta do ser no universo. Perdemos os princípios da grande e iluminadora ciência da analogia. A árvore nos ensina, de forma irrefutável e inescapável, que uma parte permanente e eterna da vida, ou seja, a alma da consciência divina, periodicamente coloca em manifestação um braço de seu poder, que se expressa num ciclo de nascimento, crescimento, maturidade, decadência e "morte", apropria-se do incremento de crescimento ganho por ele, e retira-se para o mundo invisível do ser espiritual, ao final. Se, então, o homem é feito à imagem e semelhança desse padrão cósmico, deve ser verdade, além do debate, que uma parte permanente e eterna dele – sua alma imortal – lança periodicamente um raio de seu próprio poder para se relacionar às forças em jogo no mundo material, apropria-se da colheita de muitas experiências repetidas e, assim, aumenta a sua própria expansão, em infinita divindade e glória do ser consciente. A árvore resolve esse debate além da crítica.

Por Que o Homem Foi Tentado?

Faz-se necessário extrair da alegoria o significado oculto do item intrigante da "tentação" das mulheres pela serpente e do homem pela mulher.

Essa "tentação" tem sido outra das incontáveis caracterizações projetadas para retratar a verdade recôndita que desconcertou o intelecto idiota do Ocidente na labuta de seu subterfúgio enigmático. Pessoas com incapacidade de reflexão têm-se perguntado indefinidamente por que Deus, justo em seus julgamentos ("os juízos do Senhor são verdadeiros e justos juntamente" (Salmos 19:9 – NT), permitiria um "adversário perverso" como o Satã teológico, "aquela velha serpente", conspirar para atormentar Jó, o seu servo mais justo, e, no *Gênesis*, para esquematizar sutilmente a derrota do trabalho criativo de Deus, na formação da humanidade. Tudo decorreu do fracasso da perspicácia filosófica em captar o significado sensato do item sobre a oposição de polaridades, analisadas em parágrafo anterior. Devido a essa falha de *insight*, a palavra "tentação" tem sido (mal) interpretada e vista numa conotação humana inferior, o que deixa a mente longe do significado pretendido. "Tentar" é apresentar algo desejável na esperança de que alguém possa "mordê-lo" e, assim, cair na armadilha projetada pelo tentador. O ponto de vista comum, em todo caso, tem aceitado amplamente tal entendimento. Um elemento muito insignificante dessa referência faz parte, talvez, da situação evolucionária com a qual o glifo da Bíblia está lidando, mas apenas da forma mais lúdica. O significado real diz respeito à imagem do procedimento cósmico, tudo intrinsecamente normal e bom.

A palavra *tentação* em si origina-se do latim *tento*, "tentar", "provar", "experimentar com", ou de *tempto*, "tentar". É provável que ambas as formas sejam apenas variantes de uma raiz original. No primeiro caso, se originada de *tento* teria o significado de "julgamento", "provar" na prática real ou "testar", ou "pôr à prova ou em julgamento". Nessa referência, indicaria que a "tentação" à qual Deus sujeita todas as suas criaturas – que são, seja lembrado, as células ou membros *do seu próprio corpo*! – é nada mais nem menos do que os enviar para a vida encarnada, plantando-os em seus jardins, para que "eles tenham direito à árvore da vida" e crescerem desenvolvendo suas capacidades e poderes latentes, superando a "oposição" da matéria inerte, na dualidade da vida. No *Apocalipse* sete grandes recompensas são prometidas "àquele que vencer". Para galgar a beleza superior, o espírito deve superar a inércia da matéria. Sua vitória anônima só pode ser obtida como resultado do esforço de encarnação continuada até que o objetivo seja atingido. Assim, os filhos de deus têm de reencarnar-se continuamente. Isso significa submetê-los à tensão que prevalece entre eles e a força da matéria. E essa é a provação, o julgamento, o teste, a "tentação", como pode ser ela melhor nomeada. Ela nada tem a ver, de modo algum, com o "pecado" teológico da desobediência. Trata-se do caminho de Deus para todos os seus filhos, o beneficente curso natural de seu plano para a evolução desses filhos.

Se, por outro lado, a palavra deriva de *tempto*, ela está relacionada a um significado ainda mais profundo. Imediatamente seria revelado que está conectada com a palavra latina *tempus*, "tempo". "Tentar" o homem seria então tirar sua alma dos reinos do espírito, onde todas as religiões afirmavam que a consciência está acima da percepção humana do tempo – onde o tempo não existe – e jogá-lo sob a ilusão do sentido do tempo. Esse tipo de consciência vem por meio da redução da mente superior a um ritmo mais baixo de vibração, uma vez que cai sob as limitações da atividade cerebral. E seria difícil escolher uma definição psicológica mais verdadeira da situação que confronta a alma na narração do *Gênesis* do que essa aqui retratada. É exatamente o que acontece na Gênesis da humanidade, e a encarnação submete expressamente a alma a uma redução do sentido do tempo. Portanto a "tentação" é apenas outro glifo para a descida da alma à vida mundana, com a acentuação oculta da triste diminuição dos poderes da alma, sob os grilhões da carne. É na filosofia grega do esoterismo que se encontra essa racionalização da perda que a alma sofre de suas qualidades divinas em troca de poderes humanos resultantes da consciência plenamente iluminada. Em realidade esse processo constitui a perda do paraíso. Pois o que é o paraíso senão uma dimensão superior de consciência?

A "tentação", então, leva-nos outra vez à mesma coisa que está indicada como o significado de todas as outras formas da experiência do filho de Deus na Terra: seu batismo, crucificação, transfiguração. Tudo isso se refere apenas a uma coisa: a encarnação. Todas são apenas facetas da trajetória do fragmento divino da alma aprisionado no corpo mortal ou apenas essa trajetória vista sob os vários ângulos de seu comprometimento.

Poucos jamais perguntaram o porquê de a tentação ter vindo primeiramente da serpente para a mulher e dela para o homem. No entanto, esse procedimento aponta para a mais significativa compreensão. A questão é que a lei cíclica tenta a mulher primeiro, porque a "mulher" tipifica a matéria (a palavra "matéria" é idêntica à palavre latina "mãe", mater), a eterna mãe de toda vida, e matéria constitui o primeiro elemento visivelmente projetado no cenário da criação. Matéria, mãe, a "mulher", é a corporificação dos primeiros estágios de vida e consciência, numa volta cíclica, e está, portanto, primeiro no cenário. Matérias devem ser produzidas e postas sob a forma orgânica, de sorte que gerem os mecanismos altamente complexos do cérebro e do sistema nervoso, antes que a consciência e o espírito, os princípios masculinos, possam nascer e funcionar. A "mãe" tem de crescer até o estado adulto nos longos ciclos de tempo antes que possa produzir sua descendência cristã de mente divina. Assim, a lei cíclica, a serpente antiquíssima, envolve primeiramente a "mulher" em seus labirintos. Ela "tenta" a mulher, no sentido mais leve da palavra, porque oferece a cada átomo de seu corpo uma trajetória infinita de crescimento e expansão até o objetivo final de autoconsciência. Então a "mulher" pega e come primeiro.

Então a matéria produz o elemento da alma como seu filho, e tendo na maturidade do ciclo evolucionário preparado os corpos orgânicos capazes de registrar as altas vibrações da consciência de uma alma, ela convida o "homem" (*man*, em inglês, é o verbo sânscrito que significa "pensar"), o primeiro pensador, a unir-se a ela na participação da experiência viva e a comer os seus frutos gloriosos. Isso tudo se encaixa mais harmoniosamente na já citada afirmação da Bíblia de que Deus formou o homem do pó atômico, traduzido como "o pó da terra", que na prática diz que Deus formou o homem a partir da matéria atômica, a "mulher".

O Fruto Leva o Homem à 'Morte'

Assim, uma vez que a própria Bíblia contradiz a concepção popular quanto à proibição imposta ao homem de não comer da árvore da vida, surge a grande surpresa sobre como tal injunção aparentemente direta e positiva encontrou seu caminho para o texto sagrado. Isso não desperta tão prontamente a elucidação, ainda que a tese aqui apresentada pela primeira vez forneça os elementos necessários à explicação. E isso novamente constitui uma revelação histórica.

Essa questão deve ser vista sob os olhos do dramatismo. Aquelas antigas formulações são alegorias dramáticas. A aparente proibição, de modo algum real, cai por causa da maneira falha de transcrever a construção da história original. É possível, com as chaves já em nossas mãos, reconstruir agora o diálogo do Gênesis, a fim de verificar o que um relato mais completo teria revelado com mais clareza.

O que, então, foi tomado como sendo a interdição de Deus no sentido de não se fazer do homem exatamente aquilo a que ele estava destinado, deve ser reformulado de modo a revelar o que ele pretendia transmitir – ou estava mais propenso a esconder! A essência do discurso feito por *Kurios ho Theos* (o Senhor Deus) quando o comando fatal foi dado, pode ser reformulado da seguinte forma: Aqui, Adão, o homem, eu criei você e coloquei você no maravilhoso jardim da vida e da consciência. Você pode comer todos os frutos das muitas árvores de emocionantes experiências. Mas a mais grandiosa e principal árvore de todas é a árvore da vida e do conhecimento. Do seu fruto você desejará comer; mas devo lhe esclarecer: se desejar participar do fruto dessa árvore maravilhosa, você deve sofrer "morte".

Ora, a plena explicação da exegese se fundamenta no nosso correto entendimento de uma palavra: "morte" e do seu verbo, "morrer". Um dos últimos números dessa série tratará do significado teológico perdido dessas palavras. Foi já enunciada a mais significativa e ímpar revelação do estudo religioso dos tempos modernos. Sumariamente apresentada aqui, em antecipação ao seu desenvolvimento mais completo no trabalho posterior, pode-se afirmar que os escritores da Bíblia usavam as palavras naquele sentido oculto empregado na filosofia religiosa grega. Lá encontramos a "morte" usada para denotar o estado limitado da vida da alma quando ela descia ao corpo terreno e ficava entorpecida e inerte sob o pulso mais lento das energias da vida nos mundos materiais. Paulo claramente afirma que a alma se tornou cativa da lei do pecado e da morte, "que está em nossos membros", quando em encarnação. Em resumo, a sabedoria antiga concebia e chamava a vida da alma em corpo mortal a sua "morte" – na "cruz" da matéria.

Eis aqui, então, a nossa chave para a "morte" do homem, que vem com a sua "queda" no *Gênesis*. A luz brilha, finalmente. Deus estabeleceu para suas criaturas na lei do ser que, sob o irrevogável e inexorável ciclo da necessidade, se quisessem partilhar de toda a sua generosidade na vida consciente, deveriam saber que isso envolvia sua descida ao vale da sombra da "morte". É como se ele dissesse: Se você deseja ganhar toda essa vida maravilhosa, você a deve perder em "morte" cíclica no corpo terreno. Para alcançar os distantes e superiores patamares do ser, você terá que atravessar o vale inferior, onde a alma está enterrada por muito tempo em seu túmulo terrestre. Você terá que atravessar o mar vermelho-sangue da vida em corpos físicos, mas eu estarei com você, e as ondas não o subjugarão.

Não é necessário abandonar o texto da história bíblica para encontrar a confirmação essencial da correção dessa leitura. Deus dá o seu "comando" – agora melhor visto como um manual dramatizado de instruções para a sua criatura, o homem; e então a serpente, a lei cíclica, tem seu reagrupamento. Diz para a "mulher" e, por meio dela, para o "homem"; Deus apenas te disse que se comeres do fruto da árvore da vida e do conhecimento, certamente "morrerás". Ora, devo acrescentar que isso não é, em realidade a morte que você imagina ser. Ouça-me mais; Eu lhes darei a garantia consoladora de que, se comerdes desse fruto, não morrereis em nenhum sentido final; Mais ainda, se comerdes desse fruto, em razão disso, tornar-vos-eis como os deuses, conhecendo o bem e o mal, porque a vossa comida vos abrirá os olhos para verdes toda a vida com o entendimento dos deuses.

E a expressão reveladora da serpente é a sua declaração a Eva de que *Deus sabe* que o comer fará de você um dos *Elohim*, que conhece a eventual beneficência da tensão entre o bem e o mal. A menos que essa interpretação seja aceita, a exegese enfrenta o problema insolúvel de conciliar uma vasta inconsistência lógica, senão a conduta mais excêntrica e irracional por parte da deidade onisciente. Se, como afirma a serpente, Deus *sabia* que a vida do homem findaria em sua elevação entre os deuses, cujo objetivo havia Ele estabelecido para o homem, em que bases, logicamente consistentes, poderia ter proibido à criatura o direito de comer? Qualquer outra resposta, exceto a que foi sugerida aqui, evidencia o inegável capricho de parte do Criador Todo-Justo. Deve ser observado que a interpretação cristã ortodoxa repousa, assim, no credenciamento de Deus com uma inconsistência grosseira e estranha. Deus não pode oferecer vida e conhecimento ao homem e, em seguida, ser razoável proibindo-o de levá-los. Aqui tem ocorrido um enorme bloqueio na teologia cristã ao longo dos séculos. O simples senso comum das pessoas que pensam detecta essa falha – e os milagres. É questionável se a alegoria do "fruto proibido" foi claramente vista como um item racional por uma única mente na cristandade. Seu obscurantismo tem contribuído para cem ilogismos semelhantes que derrotam o grande bem que a religião e as Sagradas Escrituras poderiam ter prestado. É hora dessas coisas serem corrigidas.

Então, no 22° versículo do terceiro capítulo do Gênesis, a

verdade aparece! Lá o drama apresenta Deus dizendo: "Eis que o homem é como um de nós, sabendo o bem e o mal; ora, para que não estenda a sua mão, e tome também da árvore da vida, e coma e viva eternamente, O Senhor Deus, pois, o lançou fora do jardim do Éden, para lavrar a terra de que fora tomado."

Tudo aqui se coaduna com a conjunção coordenativa consecutiva "para que" (*lest* no original em inglês, classificada como *conjunctive adverb* – NT). Parece ser um argumento sólido a sustentação de que pode ter havido adulteração deliberada do texto original (como, para nossa indignação, verificamos ter ocorrido ao longo da história religiosa) ou acobertamento inteligente, igualmente deliberado, do sentido real mediante sutileza dramática, o que é o mais provável que tenha ocorrido aqui. Podemos conceber o dramaturgo como tendo desejado velar o sentido aberto, por meio de um ardil brincalhão. Como se um pai rico e indulgente, chefe de uma grande empresa, oferecesse ao filho plena participação no empreendimento, ainda assim, no início da carreira adulta do filho, lhe dissesse: "Você é um dos nossos na gestão, mas para que você não tente se apossar de suas prerrogativas antes de ter dominado todos os detalhes do negócio, para que conheça entre o procedimento *certo* e o *errado*, devo mandá-lo para a fábrica para aprender tudo, desde as tarefas mais simples até aquelas de gerenciamento superior." Isso resume quase incontestavelmente a essência da lógica da situação, deixem que os pedaços de argumentação caiam onde queiram. E traz racionalidade, quando toda exegese anterior deixou a matéria envolta em escuridão infernal; pode ser a base final da sanidade em nossa psicologia religiosa para entender que mesmo Deus não pode dar aos seus amados filhos a bem-aventurança e a benção de divina vida sem impor-lhes a condição inelutável de que ganhem o direito a ela, desenvolvendo a capacidade para tal no temporal e tentador moinho da evolução.

E agora, como um desdobramento climático para toda a confusão trágica de séculos, vem a espantosa revelação de que, durante todo o tempo em que a confusão e o mal-entendido prevaleceram, encontram palavras do próprio texto bíblico declarando claramente que a "mulher" não foi vitimada inocentemente por uma armadilha criada pela serpente astuta, que "ela" não havia sido pacificamente "absorvida" por engano manhoso, mas que fez sua escolha de comer da árvore com pleno conhecimento e compreensão das consequências, entendendo que " ela "estava fazendo a escolha totalmente certa e verdadeira na situação. O velho entendimento tradicional da tentação como uma desobediência ao mandamento de Deus e à perversão sem sentido é feito em pedaços diretamente pela *redação real da história*! Pois, depois que a serpente expandiu a breve afirmação do Senhor de que a comida traria a "morte" da existência corporal, a narrativa usa uma linguagem que nega totalmente a suposição de que a "mulher" foi atraída inconscientemente para uma armadilha. Ela diz: "E viu a mulher que aquela árvore era boa para se comer, e agradável aos olhos, e árvore desejável para dar entendimento; tomou do seu fruto, e comeu, e deu também a seu marido, e ele comeu com ela." [Gênesis 3:6 – NT]. Aqui não se trata de sugestão de engano e fraude, mas de escolha deliberada inteligentemente, baseada no próprio conhecimento e na observação "dela" própria. Ela agiu em razão daquilo que "ela" *viu*. "Ela" *viu* que a comida acabaria dando sabedoria "a ela" e "ao marido". Sob todos os pontos de vista, era arrebatadoramente desejável. Significava mergulhar nas águas da "morte" e uma longa luta com as forças da serpente, mas nada disso poderia ser comparado à glória que seria a sua consequência. Pois a "morte" na cruz da matéria seria temporária, enquanto que a recompensa da prova seria vida e luz eterna. Nenhuma outra escolha seria possível a uma mente que via as eventualidades, o risco e a sua recompensa encantadora.

Da Inocência ao Conhecimento

Das muitas árvores denominadas pelas antigas imaginações como árvores da vida, nenhuma era mais proeminente do que a figueira. Particularmente na simbologia egípcia, ela destacava-se como a árvore da vida. Como os galhos da árvore viva, que estende os seus braços para erigir a estrutura da expressão da vida, vestiam-se de folhas a cada estação, há uma referência à roupa de vida nas folhas da figueira na narrativa da criação. Adão e Eva, encontrando-se despojados de suas vestes espirituais radiantes, apressadamente cosem folhas da figueira para formar aventais para cobrir a sua "nudez". A referência esotérica óbvia é certamente não ao vestuário natural, mas aos corpos físicos externos, que o núcleo da alma espiritual coloca em contato com os planos inferiores. A árvore é, em si mesma, a representação ampla da vida, que se reveste de corpo material.

Essas considerações colocam-nos diretamente na trilha de uma explicação do estranho episódio de Jesus parando para amaldiçoar a figueira infrutífera no *Novo Testamento*. A árvore é para dar suporte aos doze tipos de frutos em seus ramos. Como a observada por Cristo não tinha dado os seus frutos, o dramaturgo fez questão de representar, na "maldição" do filho divino, o fracasso em seguir a ordem natural. A literatura cristã gnóstica dava grande ênfase ao fracasso da mãe natureza em gerar os filhos de deus, aguardando a vinda do Cristo-Aeon, chegando a denominar o seu esforço de "o grande aborto". No sentido mais profundo, o episódio da figura de Cristo "amaldiçoando" a figueira constitui uma analogia construída numa veia um pouco mais leve de dramatismo.

Mas há grande relevância nesse nome de árvore: "plátano". A *syc-root* é a mais interessante. Segundo Gerald Massey ela deriva-se da mesma raiz grega que origina a palavra "alma" – *psuche* (*psique*). Ela é, portanto, a *árvore da alma*, a árvore que encarna e tipifica a vida da alma.

Pode-se notar de passagem, também, que a árvore simbólica da maçonaria, a acácia amarela, é outro representante típico da árvore do Éden. Pois ela é a a-ka-kia (acácia) grega, que significa "inocência", "inofensividade". A árvore edênica tem sido frequentemente chamada de "a árvore da inocência", indicando a condição da vida em sua "pureza" primitiva, antes de sua "queda" na matéria, "morte" e geração.

A árvore é prolífica quanto ao fruto que carrega para a iluminação do homem apenas por meio de suas sugestões analógicas. Aspectos dessas analogias serão definidos em ensaios posteriores; eles são fundamentais para o trabalho de interpretação. Mas uma característica da analogia deve ser aqui apresentada. A árvore dá o seu fruto mediante o intercurso de órgãos masculinos e femininos na extremidade dos seus inúmeros ramos. O mesmo faz a árvore da vida e conhecimento. As correntes criativas permeiam os mundos da matéria até onde o impulso inicial as levará. Elas atingem um impasse na borda mais externa de seu movimento; lá elas formam uma ligação com a matéria, elas unem suas energias com os poderes ali latentes nos átomos e, impregnando essas forças físicas com os germes da mente, elas dão o impulso inicial e a direção para o impulso evolucionário.

De fato, a vida atinge a periferia de sua esfera criativa quando seus impulsos tiverem plantado as suas sementes no solo radicular da matéria. Onde as sementes são implantadas naturalmente se inicia o crescimento. Fora, então, nos limites mais distantes de seu alcance, a árvore da vida produz os seus frutos. Aqui, as potências masculinas e femininas atingem a corporificação plena e separada e, por meio da atração mútua, unem suas capacidades de pai e mãe para a geração de nova vida.

Há uma impressionante lembrança de tudo isso na alegoria da gestação dos gêmeos Jacó e Esaú no ventre de sua mãe, Rebeca. O embotamento teológico tem demorado a captar o significado dos muitos pares de gêmeos ou irmãos (às vezes irmãs), introduzidos na literatura sagrada em todo o mundo, e abundantes na Bíblia. Eles são encontrados até no simbolismo astrológico, no par de gêmeos do Zodíaco. Eles representam – e não poderia ser diferente – os dois nós ou polos da força criativa, espírito e matéria, ou potencialidade criativa masculina e feminina (mesmo quando ambos são de um sexo). Essas duas forças são liberadas ou separadas da unidade primária no alvorecer do ciclo e desenvolvem-se separadamente, de modo a equilibrar o universo entre elas. Por isso são mostradas como combatentes entre si, uma que geralmente "mata" a outra, como no exemplo de Caim-Abel. Na alegoria egípcia, elas continuam "matando" uma à outra, repetidas vezes. Aqui está a prova final de que essa "matança" é apenas figurativa. Nas descidas, ou involução do espírito na matéria, diz-se que a matéria "mata" o espírito, no retorno evolutivo o espírito suplanta a matéria. Na narrativa sobre o nascimento de Jacó-Esaú (*Gênesis* 25:33) as características comuns da alegoria cósmica são bem limitadas. As duas crianças "lutavam dentro dela" [Gn 25:22 – NT]. E Deus explicou:" E o Senhor lhe disse: "Duas nações há no teu ventre, e dois povos se dividirão das tuas entranhas, e um povo será mais forte do que o outro povo, e o maior servirá ao menor." [Gn 25:22 – NT]. Uma é, de fato, a natureza material; a outra, o princípio espiritual divino na constituição humana, o Cristo. A mais velha é a mãe natureza, a matéria, "a primeira velha mãe" da representação egípcia. Ela vem primeiro ao cenário da criação e se torna velha antes que dê à luz a seu filho, o Logos, o Logos e o seu raio, o Cristo. E a natureza serve ao poder mais jovem da mente, que é, em verdade nascida de seu útero.

Há, no *Novo Testamento*, uma pequena alegoria sugestiva em que a árvore é usada para revelar um ínfimo aspecto de significância. Temo-la nas palavras do *Massachusetts Bay Psalm Book*:[6]

> Ele, Zaqueu,
> Escalou uma árvore
> Para ver O Senhor

A história representa Zaqueu tão ansioso para ver o Cristo, quando ele ali apareceu, que para se ver livre da pressão da multidão, subiu em uma árvore. A moral aqui é tanto óbvia como charmosa. Se alguém visse o Cristo em meio à pressão e à multidão de interesses mundanos, subiria bem alto nos galhos da árvore da vida evolutiva, onde a visão não é obstruída pela densa pressão de abstrações inferiores. A alegoria constitui sempre um professor mais sublime que a história.

Um estudo do simbolismo da árvore não estaria completo sem tratar da grande tradição religiosa sobre o "ramo dourado". Dizia-se poeticamente que a árvore da vida tinha no seu topo um ramo de ouro. A árvore plantada no jardim primordial, com suas raízes no céu, seus galhos na terra, encontrava-se no curso do ciclo para culminar na produção de um ramo

[6] *The Bay Psalm Book* foi o primeiro livro impresso na América do Norte Britânica. Ele é simplesmente um saltério e foi publicado pela primeira vez em 1640 em Cambridge, Massachusetts. Os Salmos são traduções versejadas para o inglês.

de glória resplandecente. Um dos nomes dados ao Cristo na Bíblia (e em literatura anterior) foi "o Ramo". Em verdade a palavra hebraica para "ramo" é *natzer*, que se acredita seja o fundamento das palavras *Nazar*-ene e *Nazar*-eth.

A árvore da evolução deve terminar na geração da natureza de Cristo no homem e, quando o Cristo é gerado o homem, ele é transfigurado até que "o seu rosto resplandeça como o sol, e as suas vestes se tornem brancas como a luz." [Mateus 17:2 – NT]. Por estranho que pareça, as palavras empregadas para significar luz e ouro nos livros antigos são praticamente idênticas por toda parte. O espírito é a grande "luz dourada" do esplendor divino. Trata-se do refulgente *aur*, *ar*, *or*, *ur*, *er*, das várias línguas. Quando a evolução do homem finda, no florescimento em seu ápice da luz dourada de radiação espiritual, então, de fato, ela apresentou seu "ramo de ouro". Não é, pois, de admirar que a lenda realmente afirme que a árvore na qual o Cristo "morreu" pela redenção do homem é um ramo ou broto, ou a madeira, da árvore da vida e do conhecimento encontrada no jardim eterno do paraíso. Nós somos os portadores de frutas em seus ramos terrestres, e a glória será nosso caso produzamos a nossa suprema luz de ouro.

A árvore agora contribuiu generosamente com sua incrível luz simbólica para nossa compreensão mais profunda da verdade oculta. Seu tronco, ramos, folhas, raízes e frutos levaram de volta para casa o pensamento reflexivo sobre a instrução inestimável que eles promovem. Mas é uma reflexão que chegou a poucas mentes, a de que o fruto é ao mesmo tempo o produto final do crescimento do ciclo e a semente inicial do ciclo seguinte! Nessa assombrosa compreensão das maravilhas da economia da natureza jazem enterrados os germes de talvez o maior de todos os mistérios da vida: esse fim e começo são uma e a mesma coisa, como devem ser, se a vida continuar a girar em torno de seus intermináveis ciclos.

O poderoso simbolismo da semente será o tema da próxima elucidação, A Arca e o Dilúvio.

O voto de silêncio[1]

Autor: B. P. Wadia[2]

Traduzido por Júlio Grandão Pedrosa

Um, se não o maior, dos males pelos quais a sociedade moderna está corrompida é o da fofoca. O discurso injurioso, ou a conversa fiada animada pelo espírito de competição, não só arruína o caráter de outras pessoas, como corrompe o nosso próprio. Isso não é reconhecido. A conversa fiada tornou-se e é estudada como uma arte, e a infâmia da fofoca surgiu como uma instituição de diversão social. Sua natureza infame é esquecida, seus terríveis efeitos deixam de transmitir sua lição e assumiram para os homens e mulheres modernos o lugar de uma necessidade de vida. As ocupações sociais tanto em salas de aula como em violentas favelas seguem o caminho da conversa fiada e da fofoca.

O primeiro requisito da vida espiritual é aprender o valor do silêncio. A conservação da energia espiritual exige que o despertar das forças da alma seja detido. São poucos os caminhos pelos quais a divindade do homem é tão desperdiçada como através do som e da fala. A sujeira e a borra de nossa natureza *kâmica*[3] frequentemente encontram sua saída em

[1] Este artigo, denominado originalmente The Vow of Silence, faz parte do livro *Living The Life*, editado pela Theosophy Company, em Mumbai, Índia, em 1962.

[2] Bahman (ouBomanji) Pestonji Wadia (1881-1958) foi um dos fundadores da United Lodge of Theosophists (Loja Unida de Teosofistas).

[3] *Kama* (sânscrito) é o apego à existência, o qual está estritamente relacionado tanto ao mau desejo (lascívia, concupiscência, veleidade) como ao prazer, ao amor, à paixão, o sensualismo o afã etc. A natureza kâmica diz respeito, por conseguinte, à nossa alma animal, aquele princípio pelo qual a inteligência opera em resposta à natureza do desejo humano. (NT).

discurso inútil ou injurioso. Há uma conexão íntima e mais do que a mera analogia metafórica na afirmação que se refere ao que é colocado na boca como alimento e o que sai dele como palavras através do processo de comer, assimilação de alimentos e eliminação de produtos residuais; a saúde do corpo melhora ou degrada com cada pedaço que consumimos. Uma das principais maneiras de determinar a condição do corpo é examinar a disposição do processo e o produto da eliminação. Nossa natureza psíquica tem seus próprios modos de assimilação e eliminação, de se sustentar em boa ou má saúde. Um dos modos de eliminação está relacionado ao poder da fala.

No crescimento espiritual, aprender e ouvir andam juntos; eles precedem o ensino e a fala. Na Índia antiga, no momento em que o buscador da paz da sabedoria resolveu seguir os passos do guru, o aluno ganhou o nome de *shravaka*, um ouvinte. Na Grécia antiga ele foi nomeado *akoustikos*. Ele não tinha permissão nem para fazer perguntas; os *bija-sutras*, os pensamentos-sementes, foram dados a ele para ponderar e entender o melhor que pudesse. Esses pensamentos eram um alimento purificador que, se adequadamente assimilado, purificaria sua natureza cármica; não apenas remove os venenos acumulados do passado, mas revela ao aluno o processo alquímico correto de transformar dentro de sua própria constituição a paixão em compaixão, a luxúria em amor, a antipatia em simpatia. Uma vez iniciado nesta estrada, ele estava pronto para se tornar um exercitador, um praticante positivo, *shramana*, o *asketos* dos gregos.

Nosso estudante teosófico moderno não reconheceu plenamente o significado oculto do silêncio. Um voto de silêncio não significa ficar mudo e não falar nada. Consiste em: (1) autoimposição de silêncio periódico; (2) não ceder facilmente a discurso injurioso e mentiroso; (3) não dar lugar a discurso inútil; (4) não fazer perguntas sobre filosofia ou prática até que o que já tenha sido ensinado ou esteja diante de nós seja totalmente analisado e cuidadosamente examinado do ponto de vista de nossas questões particulares; (5) não se entregar ao discurso *ahankárico*, isto é, não fazer afirmações sobre o Eu Divino ou o Ego em termos de nossa natureza *kâmica*, ou natureza inferior; (6) não se entregar a um discurso injurioso em relação à nossa natureza inferior, nossas próprias falhas e fraquezas, para que o poder da fala não lhes conceda mais forças; (7) não falar nem mesmo o que é verdadeiro, a menos que em momentos apropriados, a pessoas apropriadas, sob circunstâncias apropriadas.

Enquanto esse exercício de sete etapas é praticado, o sigilo sobre o assunto deve ser observado. Referir-se ou falar sobre o exercício que empreendemos e praticamos é viciá-lo completamente e torná-lo pior do que inútil. Tal indulgência dá origem à presunção, podendo fortalecê-la onde já existe. Sigilo e silêncio são necessários e uma contemplação sobre suas afinidades deve preceder o exercício de sete etapas.

Existe um desejo geral de "sentar-se para meditar e praticar yoga", mas esta primeira regra, essa regulação primária, é considerada incômoda e sua *desejabilidade* questionada. Sem dúvida, é difícil, quase impossível, que os modernos alcancem esse controle sobre a fala; mas se não totalmente e inteiramente, pelo menos em parte e parcialmente, pode e deve ser praticado.

Discurso com determinação será o primeiro resultado. Não estará enraizado na paixão-*kama*, mas na compaixão-*buddhi*. Existem dois tipos de críticas: um é a detecção de falhas; o outro é a percepção da virtude em expressões meritórias ou a percepção da virtude por trás do vício, demérito e fraqueza. O engano do vício é Sri Krishna, e o poder de perceber isso vem do segundo tipo de crítica. O primeiro é a crítica por palavras de *kama*, o segundo é a crítica por palavras de compreensão; o primeiro está no plano das palavras, o segundo no plano das ideias; o primeiro é da aprendizagem da cabeça, o segundo da sabedoria da alma; o primeiro enaltece ou censura a natureza inferior, o segundo importa para dentro de si a força da natureza superior, causando reajuste; o primeiro tem por trás o espírito superior de ensino; o segundo, o espírito sublime de aprender e propagar o que é aprendido.

Quão diferente seria o mundo se essa prática, ainda que não em sua plenitude, fosse um hábito em nossa civilização! Revisores e críticos não procurariam pontos para condenar, antes procurariam a beleza, a bondade e valor nos livros que revisam. Em todos os assuntos de pensamento, sentimento e ação, nossa tendência é procurar *nossos* pensamentos sendo repetidos, *nossos* sentimentos sendo reproduzidos, *nossas* ações sendo imitadas. Nós nos consideramos o modelo para qualquer avaliação; nós somos o padrão pelo qual o certo e o errado devem ser determinados. Tal atitude não é expressada descaradamente, mas oculta-se em uma forma sutil de humildade, que é uma falsa modéstia.

Para cada centena de pessoas que mergulham nas águas do oceano por prazer ou pela obtenção de algum lucro, há apenas uma que mergulha pela pérola de grande valor. Esta última prossegue para o seu trabalho no segredo do silêncio e a sua arte no oceano é de um tipo muito diferente daquela do nadador comum. Aqueles que estão em busca da pérola da sabedoria devem adquirir força muscular, controle da respiração e sutileza no golpe necessário para furar as ondas tempestuosas desse oceano de *samsara*.[4] Eles estão escondidos no poder do silêncio. Este poder deve ser invocado, não por uma promessa a algum outro ser, mas por um voto silenciosamente cantado e registrado no santuário do coração. Assim, o caminho começa em silêncio e sigilo e termina na audição e no canto do *soundless sound* (som silencioso).

[4] Samsara (sânscrito) significa literalmente 'rotação'. É o ciclo de existências; a roda de nascimentos e mortes; a passagem de uma existência para outra. (NT).

Giordano Bruno, um mártir da liberdade de pensamento

Regina Medina[1]

No passado, pensava-se que a Terra era o centro de tudo. Sendo uma época de muita ignorância, submissa ao domínio da teocracia religiosa nas mentes das pessoas, poucos se aventuraram a desdizer o que era pregado pela Igreja. Tudo começou com o polonês Nicolau Copérnico, que criou a teoria do heliocentrismo a partir de 1515. Só que escreveu sobre esta teoria como uma hipótese científica, não como realidade, o que não lhe trouxe problemas com a Inquisição. Galileu Galilei (1564-1642) foi matemático, físico, astrônomo e filósofo. Através do uso de telescópios e estudos, apresentou a tese de uma forma consistente, colocando a Terra a girar em torno do Sol. Mas, pressionado pela toda poderosa Igreja da época, resolveu desdizer-se, retratou-se e foi perdoado, recolhendo-se ao silêncio. Entre eles, houve outro, menos divulgado, não mencionado pela ciência, cujo destino cruel deve ter influenciado o recuo de Galileu. Diante da arbitrariedade, ignorância e crueldade da Igreja de sua época, Giordano Bruno não recuou nunca. No ano 2000, o Papa João Paulo II pediu desculpas publicamente pelos erros da Igreja Católica, incluindo o julgamento de Galileu, mas Bruno não foi "perdoado". Talvez

[1] Regina Medina Alves V. da Silva é a atual presidente da Loja Conde de Saint Germain da Sociedade Teosófica no Brasil.

a Igreja até pudesse esquecer seu conhecimento adiantado, mas jamais perdoaria seu pensamento livre, sua busca pela verdade, lutando contra os dogmas e o poder insano da época. Qualquer tentativa de mostrar o contrário caracterizaria o herege e o conduziria aos terríveis castigos da Inquisição. O homem era visto como um ser pecador, mau e corrupto, incapaz de acessar à divindade por si mesmo, necessitava de intermediários: os sacerdotes da Igreja. E dizia Bruno:

> Não é fora de nós que devemos procurar a divindade, pois que ela está do nosso lado, ou melhor, em nosso foro interior, mais intimamente em nós do que estamos em nós mesmos." (*A ceia de cinzas*)

Giordano Filippo Bruno nasceu em 1548, na cidade de Nola, próxima a Nápoles. O sul da Itália guardava os ensinamentos dos gregos, onde um dia existira a Magna Grécia, local onde ficavam as colônias gregas. A mais antiga delas foi fundada exatamente na região de Nápoles, no século XI a.C. Lá nasceram Pitágoras, Arquimedes e Ésquilo, entre outros. Ali floresceu o neoplatonismo. Bruno vem à luz neste berço de filósofos e pensadores, tornando-se um estudioso da filosofia e ciência da época. Eclodia o Renascimento trazendo um novo olhar para com o ser humano, uma nova edição das artes e da cultura clássica greco-romana.

Aos 15 anos, entrou para um convento dominicano, tornando -se doutor em Teologia, mas acabou largando o hábito; não havia lugar para um personagem inquiridor como ele. Tentou ser calvinista na Suíça, mas logo chegou à conclusão de que os protestantes não eram muito mais avançados que os católicos. Perambulou por muitos países, dedicando-se ao estudo, à reflexão e escrevendo livros. Foi professor na Sorbonne e em Oxford, mas seu pensamento avançado e livre atraía admiradores e inimigos.

O que mais impressiona em Bruno, é o seu conhecimento intuitivo sobre o universo e sua infinitude em um tempo onde seria impossível esta constatação:

> Nós declaramos esse espaço infinito, dado que não há qualquer razão, conveniência, possibilida-

> de, sentido ou natureza que lhe trace um limite. (Giordano Bruno, *Acerca do Infinito, o universo e os Mundos*, 1584).

Sua percepção mística da Divindade era fascinante:

> Creio que o universo é infinito como obra do divino e infinito poder, porque teria sido indigno da onipotência e da bondade de Deus criar um só mundo finito, podendo criar, além deste mundo, infinitos outros. (Giordano Bruno, *Acerca do Infinito, o universo e os Mundos*, 1584).

Foi muito além de Copérnico ou de Galileu ao conceber a magnitude do universo, cheio de planetas exasolares. Concebia um Deus imanente em um universo infinito e em constante atividade, um só Espírito em tudo:

> Deus em tudo e sobre tudo, por essência, presença e potência, nem como parte nem como alma, e sim como mundo inefável.

Este é um conceito esotérico, tudo é vivo, tudo tem uma alma e tudo é contido na própria Divindade:

> A Terra e os astros (...) são eles próprios dotados de vida, em uma medida bem maior ainda; e sendo vivos, é de maneira voluntária, ordenada e natural, segundo um princípio intrínseco, que eles se movem em direção às coisas e aos espaços que lhes convêm" (*A ceia de cinzas*).

Todas as coisas naturais têm almas são animadas? Ao que Dicson Theophilo, porta-voz de Bruno, responde:

> Sim, uma coisa, por minúscula que seja, encerra em si uma parte de substância espiritual, (...) espírito se encontra em todas as coisas, e não há mínimo corpúsculo que não o contenha, se encontra o sujeito [suporte] adequado, torna-se planta, animal... (*Causa, Princípio e Unidade*, 1584).

A clara influência do neoplatonismo aparece no conceito de uma vida una:

> E o que, de cada parcela do grande Todo, átomo,

mônada pode se dizer do universo como totalidade. O mundo abriga em seu coração a Alma, pode-se dizer, do mundo. (idem).

Como consequência, a Natureza também é divina:

> Ademais, neste universo há uma providência universal por cuja virtude todos os seres vivem morrem e perseveram em aperfeiçoamento. Isto eu o entendo ... na maneira como a alma está de suas partes em todo o corpo e em cada uma, ao que chamo Natureza, sombra e vestígio da Divindade.

Pregava a reencarnação, sendo essa uma das acusações contra ele junto ao Santo Ofício. Ensinava:

> Tolos os que temem a morte, pois o corpo todos os dias morre e se renova.

E neste sentido, citava Eclesiastes, da Bíblia: "Não há nada novo sob o Sol."

Mesmo tendo vivido em uma época em que os telescópios ainda não poderiam mostrar muito do céu, ele parece tão encantado e intuitivo a ponto de imaginar o cosmos onde haveria uma infinidade de estrelas, planetas e mundos que poderiam ser também habitados. Este universo só pode ser comprovado agora, com a tecnologia que se seguiu aos voos espaciais.

No ano 2000, quatrocentos anos após sua morte, dois astrônomos da Universidade de Berkeley, na Califórnia, exímios buscadores de planetas fora do sistema solar, chamados Geoff Marcy e Paul Butler, completaram a descoberta de 28 novos planetas . Esse feito só foi possível através da análise de perturbações magnéticas ao analisar imagens de estrelas, indicando a presença de planetas. Em entrevista especial à Revista Superinteressante de janeiro de 2000, Butler declarou publicamente sua grande admiração por Giordano Bruno, chamando-o de seu herói e ídolo. Perguntaram-lhe se daria o nome de Bruno a algum planeta que viesse a ser descoberto. Afirmou que o faria, mas teria de ser um muito especial, parecido com a Terra e que fosse habitado por seres inteligentes. Outro que mencionou Bruno em uma entrevista gravada foi Michio Kako, outro grande astrofísico. Para esses estudiosos ele é a inspiração. Sua visão metafísica é contemporânea, superando a de todos os astrônomos e cientistas de sua época.

Bruno foi preso em 1591, passando quase dez anos encarcerado. Foi traído por um nobre veneziano que o contratou para ensiná-lo. Voltou à Itália confiando no ambiente e tratamento mais liberal que costumava haver na cidade de Veneza, mas foi logo denunciado à Inquisição e preso . Durante esse período, nunca teve material para escrever ao seu dispor. Finalmente foi queimado vivo no Campo dei Fiori, em Roma, no dia 17 de fevereiro. Vontade forte, inquebrantável, desafiadora, jamais voltou atrás, apesar deste tempo todo que teve para negar a verdade e escapar. Atacou o dogmatismo até o fim, escrevendo em uma carta desafiadora a seus carrascos:

> ... nem em dez anos de febre, delírio e fome puderam aquebrantar... Talvez vós, que pronunciais a minha sentença, estejais mais aterrorizados do que eu que a recebo... Ah! ... Tremeis ... É porque vos falta a fé que a mim sobra... Mirai-me ... Eu não tremo.... E sou eu quem vai morrer.

Prepararam-lhe uma morte terrível "com ramos verdes para que sua agonia durasse mais". Pregaram sua língua em um pedaço de madeira, para que não pudesse ofender seus algozes no momento final. E mostraram-lhe um crucifixo na hora da morte, para que se arrependesse. Ele virou o rosto.

Predisse que, no futuro, seria homenageado no mesmo local em que morreria e assim foi. Em 1889, onde a fogueira foi levantada, foi colocado um monumento pelos círculos maçônicos italianos, produzido pelo escultor Ettore Ferrara. E, no ano 2000, estudantes da Universidade de Roma colocaram uma placa no local onde se lê: Seus alunos, ao Mestre.

Sendo também um herói para mim, pude um dia fazer minha homenagem pessoal a esse homem tão incrível. Caía uma chuva fortíssima, eu completamente ensopada debaixo do guarda-chuva, depositei mentalmente minha homenagem silenciosa. A praça atual fervia com o burburinho de uma feira bastante movimentada em meio a prédios medievais, nada lembrava a cena de barbárie. Mas estive lá completamente presente, consciente da solenidade que aquele momento representava para mim e para todos os que prezam a liberdade de pensar. Ele será sempre um percussor dos ideais que formaram a civilização ocidental, um mártir da verdade.

Mas, o mais interessante nesta história é que, hoje, o Vaticano possui um grande observatório astronômico em Castel Gandolfo e outro nos Estados Unidos. Jesuítas astrônomos estão empenhados no estudo dos astros, e o Vaticano já prepara os católicos para um possível anúncio da descoberta de seres extraterrestres, segundo ufólogos importantes. Em 2008, o padre jesuíta José Gabriel Funes, diretor do Observatório do Vaticano, deu uma entrevista ao jornal do Vaticano, L'Osservatore Romano, dizendo que "a existência de extraterrestres inteligentes não coloca nenhum problema para a teologia católica", posição impensada no passado. Houve até uma conferência organizada pela Academia Pontifícia de Ciências do Vaticano, entre 6 e 10 de novembro de 2009. E a última colocação do Vaticano é : "extraterrestres são nossos irmãos". O Vaticano já está preparado para a futura notícia sobre a existência dos ETs. Giordano Bruno ficaria encantado com a realidade atual em relação ao universo. Seu martírio não foi em vão.

A vida e sua mensagem[1]

C. Jinarajadasa

Existe uma máxima, cuja exatidão todos nós podemos verificar com a nossa própria experiência que afirma que nos elevamos na vida espiritual através dos degraus estabelecidos no nosso passado.

A vida do homem consiste numa mudança contínua no modo de encarar a existência. À medida que ele passa por experiências, uma atrás da outra, eleva-se, por assim dizer, de um nível para outro, no caminho escarpado de uma montanha e a paisagem que avista muda continuamente.

Reconhecemos que existem duas espécies de visão ao nosso alcance: a do homem comum e uma outra que foi revelada pelos grandes guias da humanidade, os fundadores das religiões. No entanto, somos levados a acreditar que essa visão dos grandes instrutores tão elevada é só para eles e que, nós, os humanos, vivendo em níveis inferiores, não somos capazes de semelhante visão. Mas o objetivo da mensagem da teosofia é precisamente o de mostrar que aquilo que os seres maiores alcançaram também um dia será alcançado por cada ser humano.

Em primeiro lugar, vejamos em que consiste a visão comum do homem. Qual é a atitude do homem médio perante aqueles que o rodeiam? Sabem que, de uma forma ou de outra, resvala no ressentimento. O homem comum não gosta de ver à

[1] Extractos de uma conferência dada em Londres em 8 de Maio de 1927 (em Le Lotus Bleu, janeiro de 2010). Tradução cedida pela Sociedade Teosófica de Portugal e constante da Revista Osíris n° 19, de maio-agosto 2010, devidamente adaptada para o português do Brasil.

sua volta coisas diferentes daquelas a que está habituado; não se sente à vontade entre os que pensam de outro modo e não é feliz se encontra uma oposição ao que pensa e ao que sente. Daqui resulta que cada um de nós transporta consigo uma forma sutil de antipatia para com os que não são seus compatriotas ou para com aqueles que não têm as mesmas crenças religiosas; e se não for uma verdadeira antipatia, será então um sentimento de superioridade. Manifestamos um espírito crítico e fazemos com que tudo dependa do nosso eu e das suas necessidades. O que pode servir ao nosso "eu", designamos como "bem"; mas, em qualquer lugar, se alguma coisa parece restringir a expansão do nosso eu, denominamo-la "mal".

É por isso que possuímos a visão comum do homem médio que se baseia no sentido crítico, e somos muito pouco influenciados por aquela simpatia mais alargada de que, na realidade, somos capazes.

Mas existe uma visão diferente que qualquer homem e mulher mais cultos começam a entrever porque lhes é revelada pelos grandes poetas. O que caracteriza um poeta é precisamente essa visão mais ampla e, em particular, o poder ver o divino no homem. O grande poeta mantém-se afastado da humanidade; descobrireis que Shakespeare, que vê todos os homens como do alto do Olimpo, aponta as suas fraquezas e os seus defeitos, no entanto, envolve-os com a sua benevolência. Dá prova dessa capacidade de visão quando coloca na boca de um dos seus personagens, ao falar de um outro a seguinte afirmação: "Deus o fez, então admitimos que seja um homem."

Observareis que cada vez que Shakespeare se ocupa de um ladrão não lhe testemunha nenhuma antipatia; fá-lo viver e realizar as suas perversidades porque não tem ressentimento contra o mal que daí depende.

Passemos agora ao grande Instrutor Sri Krishna, na Índia. Ele dá provas desta mesma visão divina quando diz "qualquer que seja a forma como os homens se aproximam de mim, eu acolho-os a todos porque todos os caminhos que podem percorrer são os meus caminhos."

É essa mesma visão divina que nos mostra esse outro grande Instrutor, o fundador do budismo, quando dá um código de conduta àqueles que queriam segui-lo:

> ... do modo que uma mãe ama o seu filho, o seu único filho, do mesmo modo é preciso que cada um de nós ame todos aqueles que nos rodeiam, quer esteja sentado, de pé ou deitado.

Amar todos aqueles que o cercam. Eis aquela esplêndida visão do homem na qual já não existe a questão de divisão de raça, credo ou religião e que é dada à humanidade pelos maiores instrutores, aqueles que abriram a porta do céu.

Afigura-se-nos que essa sublime visão não é possível senão a um pequeno número, a esses gigantes espirituais, a esses altos cumes da cadeia da humanidade. Mas a mensagem da teosofia aí está para nos afirmar que aquilo que os maiores realizaram também será realizado por cada um de nós, por cada um dos milhares de seres que vivem no mundo. É por isso que é interessante estudar o caminho que conduz a essa realização e de que modo todos os homens alcançarão a visão divina.

Quando, com a ajuda da teosofia, analisarem o processo da vida e particularmente quando começarem a compreender o mistério do vosso próprio sofrimento, vereis pouco a pouco, que a vida está a nos forçar, a obrigar-nos a aprender certas coisas, e uma dessas grandes lições é a da vida una. Lentamente, muito lentamente, os homens são levados a compreender que existe uma unidade; essa unidade será descoberta por cada um de nós consoante o seu temperamento e pouco importa os nomes que irão dar a essa vida única. Em primeiro lugar, vem, pois, o reconhecimento da vida una. Mas isso não é suficiente, porque é necessário que o homem descubra também a sua imortalidade, a sua libertação da morte, mesmo enquanto vive num corpo mortal. Cedo ou tarde, cada um de nós deverá resolver o problema da imortalidade. É necessário estarmos absolutamente certos de que somos imortais.

Podemos considerá-la intelectualmente ou voltarmo-nos para esta ou aquela filosofia, mas não encontraremos a prova da imortalidade senão quando descobrirmos um trabalho ao qual nos consagremos inteiramente. É somente quando nos entregamos completamente a um trabalho assim, sofrendo por ele fazendo sacrifícios que teremos, pela primeira vez, um vislumbre da nossa natureza imortal. E quando tivermos tido essa percepção, quando tivermos sentido e conhecido algo dessa unidade, então todos os homens terão para nós uma nova mensagem.

Não menos importante, mas mais difícil de compreender, é a mensagem da vida que os vossos inimigos vos trazem. Não pensamos nos nossos inimigos, naqueles que nos detestam como se tivessem para nós uma mensagem. No entanto, na condição de estar desligado e de considerar objetivamente o nosso inimigo, esforçando-nos por compreendê-lo, começamos a perceber que ele não nos detesta senão pelo que está em nós próprios. Ele apenas faz o retorno do que faz parte da nossa natureza e que já tínhamos exteriorizado. É a isso que nós chamamos ódio.

O nosso inimigo pode nos ensinar algo do mistério da vida, dar prova de desapego como permanecer sereno entre a dor e o prazer. É assim que, de todos os lados, os homens, o amigo, o guru, o instrutor, o inimigo, nos ensinam alguma coisa sobre a vida.

Acontece o mesmo quando se trata de muitas pessoas. Elas tomarão um novo significado à medida que se descobre a misteriosa natureza do ser humano. A razão de ser dessa mensagem é, antes de mais nada, a de libertar alguma coisa que existe dentro de nós. O que é que acontece quando gosto do meu amigo? Em verdade, sinto uma grande alegria e, mais ainda, ele liberta em mim uma capacidade de amor e de ternura e, desde que essa ternura se liberte dentro de mim, poderei dá-la aos outros. Eu que pensava ser incapaz de fazer algo de grande ou de fazer o menor sacrifício, sinto que, porque amo, sou capaz de realizar grandes coisas. Essa capacidade sempre estivera dentro de mim, mas foi necessário esperar pelo momento em que alguém batesse, que tivesse a chave da minha porta, e que pudesse libertar-me. O amigo é sempre aquele que liberta as capacidades do outro que estão escondidas.

Quando admiro um herói e fico maravilhado com o seu ato de heroísmo, é uma forma de descobrir em mim próprio o poder de vir a ser também um herói. Quando tomo a resolução de viver como ele, quando me comprometo a segui-lo, não faço senão libertar-me das cadeias que me embaraçam, a fim de me elevar até ao seu nível.

Quando vamos aos museus para admirar as obras de grandes artistas, o que é que acontece? Descobrimos alguma coisa da natureza, da beleza que está dentro de nós. Porque o que o belo desperta em nós é o que somos capazes de o admirar nas obras de arte.

Qual é o mistério que se verifica numa sala quando, ano após ano, milhares de pessoas escutam e sentem-se arrebatadas de admiração pela mensagem da música? Será somente por Beethoven exprimir a grandeza da vida como ele a compreendeu? Não. É muito mais. Ele desperta, no coração daqueles que o escutam, a nobreza do coração; ele liberta o músico escondido na multidão de ouvintes que se apertam para escutar a sua música.

Aqui está um dos sentidos da vida.

A vida liberta-nos incessantemente e quando olhamos para os nossos amigos, cada um deles liberta em nós a capacidade da vida divina.

De modo contínuo, pela troca constante de pensamentos e de sentimentos, as forças escondidas dos homens agem umas sobre as outras, cada um de nós fica liberto e, lentamente, o nosso eu mortal é posto de lado e, só então, descobrimos algo da nossa natureza escondida, imortal.

Quando aquele que procura a visão divina chegou a esse ponto e sente que cada homem tem para ele uma mensagem qualquer, quando vê com "esses olhos mais abertos", então aparece-lhe uma cena maravilhosa que faz parte da visão divina. É como se toda a sua vida de dever, de tribulação, tudo o que torna o mundo tão cheio de obscuridade e de trevas se tivesse transformado.

Quando chegamos à fase de ver os homens sob esse ponto de vista e de compreender que todos eles têm uma mensagem para nós, então começaremos a pressentir e a ver por detrás de cada mulher e de cada homem um arquétipo divino, através do qual Deus se esforça por talhar uma obra divina imortal na nossa frágil humanidade.

É essa visão dos divinos arquétipos por detrás de todos

os homens que é, em verdade, a grande mensagem que a vida nos ensina quando estamos prontos para compreendê-la. Anteriormente nunca tínhamos visto a humanidade sob este aspecto. Então, todos os seres sem distinção de raça, credo, casta ou cor, tanto os maiores como os mais pequenos ou os mais humildes, aparecer-nos-ão como divinos.

Temos o hábito de considerar divinos apenas alguns seres muito elevados. Cristo, Krishna, Buda, Zoroastro, Maomé são divinos, dizemos nós, porque sentimos neles algo da divindade, mas não existe diferença de natureza entre os seres humanos, quer permaneçam no cume ou na base da escada da evolução. Todos os homens têm a mesma natureza divina, somente que em Cristo, em Buda, essa natureza divina está plenamente desenvolvida e, em todos aqueles que para nós são enigmas, e cujos rostos nada nos ensinam, a natureza divina ainda está aprisionada.

É para proclamar esta mensagem que cada Instrutor vem. Por que é que Cristo nasceu na Palestina? Seria somente para que os homens se lançassem aos seus pés e o adorassem? Não, mas, de preferência, para mostrar que cada ser humano podia viver a vida crística.

Por que é que Buda surgiu? Seria para dizer eu sou como vós, um homem entre os homens. Eu lutei, mantenho-me agora como um salvador da humanidade para mostrar a cada um de vós que, se seguirdes o caminho da santidade e viverdes do modo mais apropriado, sereis como eu sou.

Os instrutores divinos vieram e tornarão a vir ainda muitas e muitas vezes, para nos mostrarem que a visão de que são capazes é igualmente a nossa herança. Está ali, no sacrifício, a sua alegria. Eles tornarão a vir continuamente até que um número de seres, sempre crescente, possuindo a visão divina, se eleve com eles juntando-se à sua santa companhia.

A vida de hoje não é totalmente fácil e feliz. Tantos espinhos que existem sob as rosas, tanta fadiga e tanta angústia. No entanto, através dessa nuvem de aflição, podeis escutar uma maravilhosa melodia porque o amor é o seu canto. Essa melodia lembrar-vos-á a vossa própria alegria interior, dando-vos a certeza de que a beleza suprema e o bem são um convosco. Para vós, torna-se possível possuirdes todos esses tesouros do reino de Deus. Eles não estão guardados no céu para que os tenhais depois da vossa morte. O céu e todos os seus esplendores serão vossos se ousardes viver e trabalhar pela visão divina.

Assim, não imagineis que, para se ser espiritual, seja preciso assistir a serviços religiosos, a conferências ou ler livros. É uma questão de olhar para dentro do coração dos homens, partilhar das suas alegrias e dos seus desgostos e sentir que, dado que sois um pouco mais velhos e mais fortes do que a maior parte dos vossos semelhantes, podeis tornar os fracos mais fortes e purificar os lugares obscuros do mundo. Ousai começar a trabalhar para essa vida gloriosa e obtereis inevitavelmente a divina visão do homem.

> A arte é vida na sua máxima intensidade e revela a beleza e o valor das atividades humanas, mas a sua missão é mostrar aos homens que a vida é como um vitral colorido de portentosa cúpula, refletindo em vários raios coloridos a branca irradiação da eternidade. – (C. Jinarajadasa)

Festival da Lua Cheia de Wesak

Existe uma tradição popular profunda sobre a existência de uma região secreta escondida num pequeno vale do Nepal, no outro lado dos Himalaias, conhecido como Vale de Wesak. A lenda diz-nos que, uma vez por ano, durante a lua cheia de maio, uma "grande luz pura" desce e se derrama como uma bênção sobre toda a Terra. Afirma-se que há naquele lugar uma reunião cerimonial que é presenciada também pelos membros da Fraternidade Branca. Durante a cerimônia, o Senhor Buddha reaviva o seu contato com a tarefa espiritual que realiza no planeta, benzendo todo o mundo.

Fotografia de uma tapeçaria que se encontra na sede da Sociedade Teosófica da Finlândia, em Helsinque. É tecida com fio de seda e representa o desenho do festival.

O Festival de Wesak é regularmente comemorado por lojas teosóficas mundo afora. Por ocasião deste encontro, em 2018, a Sociedade Teosófica de Portugal promoveu sessão pública para lembrar a data. Para o evento, o teósofo português Manoel Cavaco apresentou a seguinte mensagem de grande significação para os buscadores das verdades espirituais:

> A festa de Wesak é um acontecimento espiritual considerável, a respeito do qual nós queremos lembrar aqui certas implicações fundamentais, a fim de ajudar aqueles que procuram colaborar, com conhecimento de causa, com a intenção hierárquica. Como auxílio à reflexão meditativa, liguemo-nos mentalmente ao ashram universal e a todos os que pelo mundo têm o olhar voltado para aqueles altos lugares onde sopra o espírito.
>
> Em todas as suas mensagens, o Mestre Tibetano sempre se referiu à Festa de Wesak como a placa giratória energética do ciclo anual, como um momento decisivo em que as forças e energias do nosso esquema planetário se reúnem para um esforço renovado a favor da evolução da consciência humana. Festa maior do Oriente, que se universaliza cada vez mais, a festa de Wesak é a Festa do Buda – o Senhor da iluminação e do amor-sabedoria. É sobretudo e definitivamente a festa da Luz. O Buda demonstra a potencialidade de exprimir o espírito por meio da inteligência na forma e de assim iluminar a matéria. O Buda é chamado "aquele que está desperto". A raiz "buddhi" vem do sânscrito e significa "o princípio de sabedoria".
>
> Numa importante mensagem, que o Mestre D.K. dirigiu a um grupo de discípulos, Ele pediu-lhes que se preparassem para a Festa de Wesak nestes termos: ".... Peço-vos um mês de silêncio interior, de pensamento introspectivo, de domínio de vós próprios... Peço-vos que se concentrem na necessidade que o mundo tem de paz, de compreensão mútua, de iluminação e que esqueçam aquilo de que vocês próprios têm necessidade do ponto de vista mental, emocional e físico... Durante os cinco dias de meditação, peço-vos um jejum mais completo, um silêncio mais profundo, a concentração interior, a pureza de pensamento e um espírito ativo de bondade amorosa, que fará de vós um canal

puro" (*Exteriorização da Hierarquia*, de Alice A. Bailey, Ed. Lucis, p. 25).

Um canal puro. Eis o que Wesak procura criar.

O dia do Lótus Branco

A comunidade teosófica comemora em 8 de maio o Dia do Lótus Branco para relembrar a data em que a fundadora Helena Petrovna Blavatsky, em 1891, partiu para o plano espiritual. Em seu testamento, Madame Blavatsky manifestou desejo de que os membros da Sociedade Teosófica se reunissem no aniversário de sua morte e lessem passagens selecionadas do *Bhagavad-Gita* e de *Luz da Ásia*.

Em 8 de maio de 2018, manifestando-se sobre a solenidade a ser realizada na sede portuguesa da ST, o teósofo português Manuel Cavaco fez as seguintes observações:

> Cabe a nós no dia de hoje, ... renovar os nossos votos de permanecer fiel aos ensinamentos legados por H.P.B. O dia 8 de maio é universalmente consagrado pelos teósofos à recordação afetuosa dos

> trabalhadores da Sociedade que já partiram para o além. É um dia para expressar a nossa gratidão a todos aqueles, que trabalhando junto dos mestres de sabedoria transmitiram ao mundo a teosofia. Blavatsky queria que as pessoas tivessem lealdade em relação à causa, os ensinamentos dos mahatmas. Mas a nossa gratidão não deve ter limites e devemos agradecer todas as bênçãos, que por intermédio da filosofia esotérica temos recebido, e esse dia, 8 de maio foi reservado para que isso tivesse uma intensidade maior e pudesse beneficiar, inclusive outros seres.

Coincidentemente, o dia 8 de maio de 1945 assinala o Dia da Vitória na Europa, data que formaliza a vitória dos aliados sobre a Alemanha nazista na Segunda Guerra mundial. O comentarista lusitano antes referido, o teósofo Manuel cavaco, referindo-se a esse fato, teceu os seguintes comentários:

> Em 8 de maio de 1945 foi oficializada uma importante vitória da humanidade contra o obscurantismo – com a vitória da democracia e do humanismo contra o nazismo, no século vinte. No mesmo ano nasceu a Organização das Nações Unidas, ONU, cuja meta maior é a harmonia, a paz e o bem-estar entre os povos. A meta central da Organização das Nações Unidas é relativa ao primeiro objetivo da Sociedade Teosófica: a Fraternidade Universal, que corresponde a um florescimento do esforço teosófico e do trabalho dos mahatmas e seus discípulos. Desde 1945, com o deflagrar da bomba atómica no Japão, foi a inaugurada uma nova era da física quântica, que tem sido constantemente atualizada, trouxe novos conhecimentos à humanidade e uma melhor compreensão da teosofia moderna.

Centenário das Aparições em Fátima[1]

As energias do festival de Wesak têm uma abrangência de três dias a seguir à data do plenilúnio, e por conseguinte vão ainda ser coincidentes com as do dia 13 de maio, data da celebração do centenário das aparições de Fátima.

The Madonna of the Annunciation (Desenho de Theodora St. John, em Adyar Pamphlets, No. 2, 1911).

Portugal, país plantado à beira mar e beijado pela brisa do oceano Atlântico, porto do Graal, lugar de Luz ou "Lux-Citânia", terra dos nossos Egrégoros avós e de Santa Maria, do 3° Raio do Espírito Santo e signo de Peixes. O santuário de Fátima é o altar do mundo. Parece existir uma forte conexão entre Fátima e Wesak. Dado à proximidade do dia 13 de maio com o festival de Wesak, a energia da Mãe do Mundo potencia a egrégora que se forma, são duas energias de sinal contrário, uma positiva, ativa, emissiva de Wesak e outra feminina, passiva, receptiva da Mãe Divina. A peregrinação da cerimônia

[1] Texto do teósofo português Manuel Cavaco.

de Wesak, que pretende ser uma manifestação da unidade dos povos é realizada em Portugal em 13 de maio. No festival de Wesak se usa a lua cheia. Em Fátima é a data fixa de 13 de maio. Esta peregrinação não é portuguesa mas universal.

Fátima ultrapassa a fé católica ao venerar a Mãe do Mundo, seja a Virgem Maria ou *Kwan Yin*, a personificação feminina da compaixão – o Deus Pai-Mãe, a energia da mãe que se manifesta como Espírito Santo. Dela se diz: Como mãe graciosa de tudo o que vive ela conforta os seus filhos e ouve, com ouvidos de Buddha, todas as suas súplicas. Ficaremos, pois todos vigilantes, atentos aos sinais, receptivos e humildes para receber e poder exponenciar as energias da Mãe do Mundo e do Senhor Buda, que nestas datas são vertidas para a grande órfã sofredora, a humanidade.

William Quan Judge[1]

(1851-1896)

Judge, com Helena P. Blavatsky e Henry S. Olcott, foi um fundador da Sociedade Teosófica (S.T.) em 1875. Ele trabalhou na causa teosófica durante os 21 anos que se seguiram até sua morte aos 44 anos de idade. Ele serviu como Secretário Geral da Seção Americana (1886-95) e Presidente Vitalício da Sociedade Teosófica na América (1895-96).

Sobre os primeiros anos de sua vida, Judge escreveu a Sarah A. Cape (outubro 1893):

> Eu nasci em Dublin, Irlanda, em 13 de abril de 1851. Meu pai era Frederic H. Judge, minha mãe Alice Mary Quan, ambos irlandeses. Meu pai era profundamente interessado na maçonaria. Minha mãe morreu jovem ao dar à luz ao seu sétimo filho. Eu fui educado em Dublin. Em 1864, meu pai decidiu emigrar para a América e nós seis fomos trazidos para cá por ele... Eu estudei direito, morando com meu pai, que, no entanto, morreu não muito tempo depois. Quando eu atingi a maior idade, fui natu-

[1] Fonte: http://theosophy.ph/encyclo/index.php?title=Judge,_William_Quan.

ralizado cidadão americano dos E.U.A. em abril de 1872 e, em maio daquele ano, fui admitido para o tribunal de Nova York. Depois disso, pratiquei o direito continuamente por muitos anos. Eu saí de casa para me casar em 1874, com Ella M. Smith do Brooklyn...

Desde muito jovem eu era interessado em religião, magia, rosacrucianismo...

Em 1874, depois de pensar sobre o espiritismo e encontrar o livro *People from the Other World* (Pessoas do Outro Mundo) do Cel. Olcott, eu escrevi pedindo-lhe o endereço de um médium. Ele respondeu que naquele momento não o sabia, mas que tinha uma amiga, M.me Blavatsky, que pediu para ele pedir-me que a visitasse. Eu a visitei na Rua Irving Place, 46, Nova York e a conheci.

Relembrando este encontro depois da morte de H.P. B, ele disse:

> Ela olhou para mim com aprovação naquela mesma hora, e aquele olhar nunca mudou desde aquele momento. Eu estava diante dela não como um investigador de filosofias, mas, (...) como alguém que, vagando por muito tempo pelos corredores da vida, estava procurando amigos que pudessem lhe mostrar os desígnios das obras que tinham sido ocultas (...) era uma professora e um aluno, irmã mais velha e irmão mais novo, ambos empenhados no mesmo objetivo, mas ela com o poder e o conhecimento que só pertencem aos leões e aos sábios. (*Lucifer*, Junho 1891, p. 290).

Judge foi ativo na formação da Sociedade Teosófica, estudou e ajudou Blavatsky enquanto ela morava em Nova York. Quando ela e Olcott partiram para a Índia, em 1878, Judge também desejou ir, mas não podia por causa de suas obrigações domésticas. Seus negócios naquela época envolviam viagens, e na Venezuela ele contraiu a febre de Charges,[2] uma doença duradoura da qual ele nunca se recuperou completamente. Em 1883, ele foi fundamental para a fundação da *Aryan Theosophical Society* (Sociedade Teosófica Ariana) na

[2] Febre amarela (N.T).

cidade de Nova York.

Judge estava livre para se mudar para a Índia em 1884. Ele visitou Blavatsky e Olcott de passagem pela Europa e recebeu plenos poderes para lidar com a emergente conspiração Coulomb em Adyar. No final de 1884, contudo, ele deixou a Índia inesperadamente, sem dar nenhum motivo, para retornar à Nova York e, uma vez restabelecido no direito, trabalhou lá pela teosofia. Em abril de 1886, Arthur Gebhard e ele fundaram a revista *The Path*, tendo Judge como editor. Esta revista tornou-se órgão oficial da Seção Americana da Sociedade Teosófica. Praticando o direito durante o dia, ele trabalhava em casa noite adentro, visto que nessa época ele mesmo tinha de escrever praticamente todos os artigos, sob vários pseudônimos.

Sob a supervisão de Judge, foram adotadas medidas para unir em pensamento e ação os membros espalhados pelos Estados Unidos. A começar com ele mesmo, na qualidade de porta-voz primário, colocou finalmente em campo três palestrantes viajantes em tempo integral para ajudar os grupos em formação e para apoiar os centros já estabelecidos. Os palestrantes locais foram encorajados a começar novos centros em comunidades próximas. Com apenas algumas Lojas em 1886, por volta de 1896 já havia mais de 100.

Blavatsky e Judge continuaram sua relação próxima. Ele sempre ofereceu a ela compreensão e apoio e, quando ele achava que ela estava errada, ele lhe dizia isso, ao passo que, como um homem ainda jovem, ele às vezes necessitava de suas críticas e encorajamento. Ela, em seu pronunciamento escrito de 23 de outubro de 1889 com relação à Judge e o trabalho na América, referiu se a ele como "parte do seu ser" desde "diversos éons ..." e como o "*antakarana* (ponte) entre os dois *manas* – o americano e o indiano – ou melhor, o conhecimento esotérico transhimalaico..."

Por volta de 1887, alguns membros perguntaram a Judge se o trabalho esotérico poderia ser estabelecido, e ele escreveu a Blavatsky sugerindo-lhe tal iniciativa. Depois de ter publicado *A Doutrina Secreta*, ela o convidou a vir à Londres e juntos eles redigiram o Memorando Preliminar das Regras da

Seção Esotérica. Judge dirigiu a Seção Esotérica na América como secretário de Blavatsky.

Em 1889 membros da Loja Ariana da ST adquiriram uma prensa e tipos, além de se asseguraram dos serviços de um membro para operá-la. As primeiras publicações foram três pequenas revistas mensais para membros, seguidas pelos *Aforismos da Yoga de Patañjali* (1889), *Echoes from the Orient* (Ecos do Oriente) de Judge (1890), O *Bhagavad-Gita* (1890) com introdução e notas de Judge, *Letters That Have Helped Me* (1891) (Cartas Que me Ajudaram) e *Ocean of Theosophy* (1893) (O Oceano da Teosofia) de Judge. Em 1895, Judge estimou que meio milhão de panfletos tinham sido impressos pela Aryan Press.

Depois da morte de Blavatsky em 1891, Judge e Annie Besant juntos presidiram a Seção Esotérica. Como Secretário Geral e mais tarde Vice-Presidente da ST, Judge continuou a concentrar-se no trabalho na América. Ele falou no Parlamento Mundial das Religiões na Feira Mundial de Chicago, 1893, e no ano seguinte no Parlamento Religioso da Feira de Meio de Inverno de San Francisco. Todavia, em 1894, Annie Besant acusou Judge de abusar dos nomes e das assinaturas dos Mahatmas em cartas para outras pessoas. Olcott pediu que Judge se retirasse de todos os escritórios da ST, mas Judge telegrafou: "Acusações absolutamente falsas. Você pode adotar todas as medidas que achar apropriadas. Vou a Londres em julho". O caso foi encerrado, e Besant declarou que as acusações tinham assumido proporções bastante exageradas por outras partes e que ela nunca duvidara de que Judge tinha de fato recebido as mensagens dos mestres.

Entretanto a tensão entre os dois lados continuou, Olcott e Besant de um lado e Judge do outro. O caso foi reaberto e consequentemente o Congresso Anual de 1895 da Seção Americana declarou autonomia completa de Adyar e elegeu Judge Presidente Vitalício da Sociedade Teosófica na América, um ato apoiado por grupos de membros em outras Seções. Mas os anos de trabalho contínuo combinados com os efeitos da febre de Charges finalmente cobraram o seu preço, e Judge morreu em 21 de março de 1896.

Como comentou Claude Bragdon:

> Nenhum personagem sai do limbo sombrio daquele passado recente, embora já distante, com uma presença mais envolvente do que essa deste belo irlandês-americano, e eu me arrisco em dizer que em um movimento que tem sido uma estufa para o amadurecimento da grandeza, ninguém desenvolveu tal força, tal capacidade, tal perspicácia, em tão curto espaço de tempo – quando a pressão veio sobre si – como Judge.

Existem evidencias abundantes, sendo a melhor de todas – os frutos de seu trabalho – que ele esteve sob a orientação direta dos mestres. Um adepto escreveu sobre ele, "quando a *presença* está sobre ele, ele sabe bem aquilo que os outros apenas suspeitam ou "supõem". Na mesma carta ele é referido como "aquele dos nossos *chelas* que mais sofre e pede, ou mesmo, que espera, o mínimo". Ele era um homem de extraordinária solidariedade e gentileza; severo consigo mesmo, ele era condescendente com os outros. O Sr. Keightley disse, "Judge tornou a vida retratada por Jesus concebível para mim". Ele foi aquela coisa bela e rara, um místico prático. Uma das suas últimas mensagens para seu grupo de seguidores íntimos foi que eles deveriam aprender pela experiência real que o desenvolvimento oculto vem da melhor forma, mais rápida, mais segura, no cumprimento meticuloso dos pequenos deveres do dia-a-dia.

O caráter esotérico dos evangelhos[1]

H. P. Blavatsky
Traduzido por: Francinaldo Freire da Silva e Edilson A. Pedrosa.

... Dize-nos quando vai ser isso, qual será o sinal da tua presença e da consumação da era?"[2] perguntaram os discípulos do mestre no Monte das Oliveiras. A resposta dada pelo "homem das dores", o chrêstos, em seu julgamento, mas também a caminho do seu triunfo, como o christos, ou cristo,[3] é profética e muito sugestiva. É realmente um aviso. A resposta deve ser citada na íntegra. Jesus ... disse-lhes:

---

[1] O título original deste artigo é *The Esoteric Character of the Gospels*, publicado inicialmente na revista Lucifer, Vol. I, outubro de 1887, republicado em sua sequência cronológica em Blavatsky: Collected Writings Volume VIII, novembro de 1887, de onde foi feita a presente tradução. Convém assinalar que a numeração colocada entre parênteses e em negrito em vários lugares deste ensaio, que vai de 1 a 64, são notas de esclarecimento produzidas pelo "compilador" do texto original, Boris de Zirkoff, e que se encontram sequencialmente ao final do texto ora traduzido.

[2] Mateus 24:3 *et seq*. As palavras destacadas em itálico e caixa alta são aquelas que foram corrigidas no Novo Testamento depois de uma recente revisão em 1881 da revisão de 1611; cuja versão está cheia de erros, voluntários e involuntários . A palavra "presença", por "vinda", e "consumação da era", hoje substituindo "o fim do mundo", modificaram recentemente todo o significado, mesmo para os cristãos mais sinceros, se nós excetuarmos os adventistas.

[3] Aquele que não refletir e não dominar a grande diferença entre o significado das duas palavras gregas χρηστός e χριστός (*chrêstos* e *christos*) deve continuar cego para sempre ao significado esotérico dos evangelhos; isto é, ao espirito vivo sepultado sob letra morta estéril dos textos, o próprio fruto do Mar Morto da cristandade nominal.

> Acautelai-vos, que nenhum homem vos engane. Porque muitos virão em meu nome, dizendo, 'eu sou o Cristo'; e enganarão a muitos. E ouvireis falar de guerras e rumores de guerras (...), mas ainda não é o fim. Porquanto se levantará nação contra nação e reino contra reino; e haverá fomes e terremotos em diversos lugares. Mas todas essas coisas são o princípio das dores (...) Muitos falsos profetas surgirão e desencaminharão a muitos (...) e então virá o fim (...). Quando, portanto, observardes a abominação da desolação de que falou o profeta Daniel... E então, se alguém vos disser: Eis que o Cristo está aqui ou ali, não acreditai ... se então vos disserem, eis que ele está no deserto, não ide lá; eis que ele está no interior da casa, não acreditai. Pois assim como relâmpago parte do oriente e é visto até no ocidente, do mesmo modo será a presença do filho do homem etc.

Nas passagens acima, duas coisas tornam-se evidentes a qualquer um, agora que sua falsa acepção está corrigida no texto revisto: (a) "a volta de Cristo" significa a presença do *christos* em um mundo regenerado, e absolutamente não é a vinda real de Jesus Cristo em corpo; (b) este Cristo não deve ser buscado nem no deserto nem nos aposentos interiores ou em no santuário de qualquer templo ou igreja construída pelo homem; pois o Cristo – o verdadeiro salvador esotérico – não é nenhum homem, mas o princípio divino em cada ser humano. Aquele que se esforça em ressuscitar o espirito crucificado em si por suas próprias paixões terrenas, e sepultado na sepultura profunda de sua carne pecaminosa; aquele que tem a força para rolar a pedra da matéria da frente da porta do seu próprio santuário interno, este ressuscitou o Cristo dentro de si.[4] O "filho do homem" não é filho da escrava " – a carne, mas na verdade da mulher livre – o espírito[5] o filho das próprias ações

[4] "Pois vós sois o templo ["santuário" no Novo Testamento revisado] do Deus Vivo" (2 Coríntios 6:16).

[5] Espírito, ou o Espírito Santo, era feminino para os judeus, assim como para a maioria dos povos antigos, também era assim para os cristãos primitivos. A Sophia dos gnósticos e a terceira Sephiroth, Binah (o Jehovah feminino dos cabalistas), são princípios femininos – o "Divino Espírito" ou Ruach. "*Achat Ruach Elohim Chayyim*". "Ela é Um, o Espirito do Elohim da vida", diz o Sepher Yetsirah. [Cap. I, sect..9.]. Confira-se também o "Le livre des splendeurs – Éliphas Lévi.

do homem, e o fruto dos seus próprios labores espirituais.

Por outro lado, em tempo algum desde o começo da era cristã, os sinais precursores descritos em Mateus aplicaram-se tão gráfica e forçosamente a uma época como se aplicam aos nossos próprios tempos. Quando é que nação se levantou contra nação mais do que neste tempo? Quando é que "fomes", outro nome para o pauperismo indigente e as multidões de esfomeados do proletariado, foram mais cruéis, terremotos mais frequentes, ou cobriram mais simultaneamente uma área, do que nos últimos anos? Milenaristas e adventistas de fé robusta podem continuar dizendo que "a volta (em corpo carnal) de Cristo" está próxima, prepararem-se para "o fim do mundo". Os teósofos (pelos menos alguns deles) que entendem o significado oculto dos avatares, messias, ***sosioshes***[6] e cristos universalmente aguardados sabem que não há nenhum "fim do mundo", mas a "consumação de uma era", i.e, o final de um ciclo que está agora se aproximando rapidamente.[7] Se nossos leitores tiverem esquecido as passagens finais do artigo 'Os Sinais dos Tempos', na revista Lúcifer de outubro último, que eles o releiam, e eles verão claramente o significado deste ciclo em particular. (1)

Muitas e muitas vezes o aviso sobre os "falsos cristos" e profetas que enganarão o povo foi interpretado por cristãos caridosos, os adoradores da letra morta da escritura, como aplicando-se geralmente aos místicos e aos teósofos mais es-

[6] Sosiosh, Soshyos (persa), é no zoroastrismo, o libertador do mundo, aquele que virá em um cavalo branco em um tornado de fogo. De acordo com o Avesta (19:89), ele nascerá de uma empregada perto do lago Kasava; virá da região da aurora para libertar o mundo da morte e da decadência, da corrupção e da podridão – sempre vivos e florescentes, os mortos ressuscitarão e a imortalidade começará. Essa profecia corresponde àquela da vinda de Maitreya-Buda, ou do Kalki-avatara de Vishnu, também repetido no Apocalipse cristão de São João. Fonte: https://translate.google.com.br/translate?hl=pt-BR&sl=en&u=http://dictionary.babylon-software.com/sosiosh/&prev=search. (NT).

[7] Há diversos ciclos notáveis que se encerram no final deste século. Primeiro, os 5.000 anos do ciclo do ***kaliyuga***; mais uma vez o ciclo messiânico dos judeus samaritanos (também cabalistas) do homem ligado ao peixe (*ichthys* ou "homen-peixe" Dag). É um ciclo histórico e não muito longo, mas muito oculto, durando cerca de 2.155 anos solares, porém tendo um significado real apenas quando computado em meses lunares. Ocorreu em 2410 a.C. e 255 a.C., ou quando o equinócio entrou no signo de Áries, e novamente no signo de Peixes. Quando entrar, daqui a alguns anos, no signo de Aquário, os psicólogos terão algum trabalho extra a fazer, e as idiossincrasias psíquicas da humanidade entrarão numa grande mudança.

pecialmente. O recente trabalho do Sr. Pember, Earth's Earliest Ages (As Primeiras Eras da Terra), é uma prova disso. Contudo, parece muito evidente que as palavras no Evangelho de Mateus e em outros dificilmente podem se aplicar aos teósofos. Pois esses nunca foram encontrados dizendo "aqui" ou "ali", no deserto ou na cidade, e muito menos nos aposentos interiores por trás do altar de qualquer igreja moderna. Quer pagãos, quer cristãos de nascimento, eles se recusam a materializar e assim degradar aquele que é o mais puro e maior dos ideais – o símbolo dos símbolos –, a saber, o espírito divino imortal no homem, quer se chame Hórus, Krishna, Buda, ou Cristo. Nenhum deles alguma vez disse: "Eu sou o Cristo". Pois aqueles que nasceram no ocidente se sentem apenas *chrêstians*,[8] não importa o quanto tentem se cristãos em espírito. É a esses, que em seu grande orgulho e presunção se recusam a conquistar o direito a tal alcunha, por viverem primeiramente a vida do *chrêstos*;[9] para aqueles que altivamente se autoproclamam cristãos (os glorificados, os ungidos) pela única virtude de seu batismo quando tinham apenas alguns dias de idade – que as palavras de Jesus citadas acima se aplicam mais convincentemente. Pode a visão profética daquele que pronunciou aquela notável admoestação ser posta em dúvida por alguém que vê os numerosos falsos profetas e pseudoapóstolos (de Cristo), vagueando agora pelo mundo? Eles fizeram em pedaços a verdade divina una e repartiram, considerando apenas o campo dos protestantes, a rocha da verdade eterna em trezentos e cinquenta pedaços estranhos, que hoje representam o apanhado das suas seitas dissidentes. Aceitando o número redondo de 350, e admitindo, pelo bem do argumento, que uma dessas, pelo menos, possa ter a verdade aproximada, então 349 devem ser necessariamente

[8] O escritor cristão mais antigo, Justino o Mártir, chama de *Chrêstians*, χρηστιανοί, não *christians* (cristãos) os seus correligionários, em sua Primeira Apologia.

[9] "Clemente de Alexandria, no segundo século, levanta uma séria discussão sobre esta *paronomásia* (lib.III, Cap. XVII, p. 53 et circa – Psal. 55, D), no sentido de que todos que criam no *chrêst* (i.e, em um homem bom) são homens bons, além de serem assim chamados (Stromata, lib. II, ch. IV, citado no Apocalipse de Higgins, I, 568). E Lactâncio (2) (Divine Institutes, lib. IV, cap. VII) diz que é apenas por causa da ignorância que as pessoas chamam a si mesmas de cristãs, em vez de chrêstians: *Sed exponenda huius nominis ratio est propter ignorantium errorem qui eum immutata littera Chrestum solent dicere*.

falsas,[10] cada uma delas alega ter com exclusividade o Cristo em sua "casa", e o nega a todas as outras, enquanto, na verdade, a grande maioria de seus respectivos seguidores diariamente leva o Cristo à morte na arvore cruciforme da matéria – a "árvore da infâmia" dos antigos romanos – na verdade!

A adoração da letra morta na Bíblia é nada mais do que uma forma de idolatria, nada melhor do que isso. Um dogma fundamental da fé não pode existir sob uma forma de Janus de duas faces. A "Justificação" por Cristo não pode ser alcançada por escolha e capricho próprio, por "fé" ou por "obras", e Tiago (2:25) contradiz, então, Paulo (Hebreus 11:31) e vice-versa,[11] devendo um deles estar errado. Consequentemente, a Bíblia não é a "palavra de Deus", mas contém, na melhor das hipóteses, palavras de homens falíveis e mestres imperfeitos. Quando lida esotericamente, ela contém, senão toda a verdade, "nada além da verdade", qualquer que seja sua aparência alegórica. Apenas: *Quot homines tot sententiae* (cada cabeça uma sentença – NT).

O "princípio crístico", o desperto e glorificado espírito da verdade, sendo universal e eterno, o verdadeiro *christos* não pode ser monopolizado por uma única pessoa, mesmo que essa pessoa tenha escolhido apropriar-se do título de "Vigário de Cristo", ou de "Chefe" desta ou daquela religião-estado. Os espíritos do *chrestos* e do *christos* não podem ser confinados a nenhum credo ou seita, somente porque aquela seita escolhe exaltar-se acima das cabeças de todas as outras religiões ou seitas. O nome tem sido usado de modo tão intolerante e dogmático, especialmente em nossos dias, que a cristandade é hoje a nova religião da arrogância por excelência, uma pedra de tropeço para a ambição, uma sinecura para a

[10] Apenas na Inglaterra, há mais de 239 seitas variadas. (Ver o Almanaque de Whitaker). Em 1883, havia 186 denominações apenas, e agora elas crescem constantemente a cada ano, 53 seitas adicionais surgindo in apenas quatro anos!

[11] Mas é justo para Paulo comentar que esta contradição deve-se certamente às adulterações posteriores de suas epístolas. O próprio Paulo foi um gnóstico, i.e, um "filho da sabedoria" e um iniciado nos mistérios do *christos*, embora ele possa ter reclamado (ou ter sido feito parecer fazer isso) contra algumas numerosas seitas gnósticas. Mas o seu *christos* não era Jesus de Nazaré ou algum ser humano, como mostrado tão habilmente na palestra do Sr. Gerald Massey: "Paulo, o opositor gnóstico de Pedro". Ele era um Iniciado, um verdadeiro "mestre construtor", ou adepto, como descrito em Isis Sem Véu, Vol. II, pp. 90-91 (Edição Inglesa).

riqueza, fraude e poder; um anteparo conveniente para a hipocrisia. O nobre epíteto do passado, aquele que fez Justino o Mártir dizer que "do mero nome, que é imputado a nós como um crime, nós somos os mais excelentes,[12] está hoje degradado. O missionário orgulha-se da assim chamada conversão de um pagão, que sempre faz do cristianismo uma profissão, mas raramente uma religião, uma fonte de renda do fundo missionário e um pretexto, de vez que o sangue de Jesus os lavou por antecipação, de cada pequeno crime, desde a embriaguez e mentira até o roubo. Aquele mesmo missionário, contudo, não hesitaria em condenar publicamente o maior dos santos à perdição eterna e ao fogo do inferno se ele apenas tivesse negligenciado a se submeter à forma infrutífera e insignificante de batismo em água com o acompanhamento de orações de boca e ritualismo vão.

Nós dizemos "orações de boca" e "ritualismo vão" com conhecimento. Poucos cristãos entre os leigos estão apercebidos mesmo do verdadeiro significado da palavra *christo*; e aqueles clérigos que por acaso sabem (pois eles são educados na ideia de que estudar tais assuntos é pecaminoso) mantêm tais informações em segredo e não as fazem conhecidas dos seus paroquianos. Eles exigem fé cega, implícita, e proíbem o questionamento como um pecado imperdoável, embora nada daquilo que leve ao conhecimento da verdade possa ser outra coisa que não sagrado. Pois o que é a divina sabedoria, ou *gnosis*, a não ser a realidade essencial por trás da aparência evanescentes dos objetos na natureza – a própria alma do LOGOS manifestado? Por que deveriam os homens que se esforçam para conseguir a união com a deidade una e absoluta estremecer ante a ideia de espreitar os seus mistérios – não importa quão terríveis sejam? Por que, acima de tudo, deveriam eles usar nomes e palavras cujos próprios significados são um mistério selado para eles, um mero som? Será porque uma instituição inescrupulosa chamada Igreja os amedrontou a cada tentativa e, denunciando-os como "blasfemos", sempre tentou matar o espírito de investigação? Mas a teosofia, a "sabedoria divina", nunca deu ouvido a esse grito, e tem a

[12] *ὅσον γε ἐκ τοῦ κατηγορουμένου ἡμῶν ὀνόματος ηστότατοι ὑπάρχομεν* (Primeira Apologia, IV). (3)

coragem de manifestar as suas opiniões. O mundo dos céticos e dos fanáticos pode chamá-la ora de um "ismo" vazio ora de "satanismo"; mas eles nunca poderão esmagá-la. Os teósofos foram chamados de ateus, de ter ódio à cristandade, inimigos de Deus e dos deuses. Eles não são nada disso. Assim, eles concordaram neste dia em publicar uma declaração clara de suas ideias, uma profissão de fé quanto ao monoteísmo e à cristandade e, de qualquer maneira, colocar-se diante do leitor imparcial para que este os julgue e a seus detratores sobre os méritos de suas respectivas fés. Nenhuma mente amante da verdade objetaria a tal proceder honesto e sincero, não importa o quão assustada esteja. Pelo contrário, tais mentes agradecerão a *Lúcifer*, talvez, enquanto àqueles a que se disse *qui vult decipi, decipiatur*[13] – deixem que sejam enganados de todas as maneiras!

Os editores desta revista se propõem a publicar uma série de ensaios sobre o significado oculto ou esotérico do Novo Testamento. (4) Não mais do que qualquer outra escritura das grandes religiões do mundo, pode a Bíblia ser excluída daquela classe de escritos alegóricos e simbólicos que têm sido o receptáculo dos ensinamentos secretos dos mistérios da iniciação, desde as eras pré-históricas, sob uma forma mais ou menos velada. Os escritores primitivos da *logia* (agora os Evangelhos) certamente conheciam a verdade e toda a verdade; mas seus sucessores tinham apenas dogma e forma, que os levou ao coração do poder hierárquico, em vez de ao espírito dos chamados ensinamentos de *christo*. Daí a gradual perversão. Como disse Higgins verdadeiramente, na cristologia de São Paulo e de Justino o Mártir, nós temos a religião esotérica do Vaticano, o gnosticismo refinado dos cardeais e uma mais grosseira para o povo. É a última, apenas mais materializada e desfigurada, que chegou até nós nesta época.

A ideia da escrita dessa série foi-nos sugerida por uma determinada carta publicada na nossa edição de outubro, sob o título "São os ensinos atribuídos a jesus contraditórios?" (5) Todavia, não vai aqui nenhuma tentativa de contradizer ou enfraquecer, de jeito nenhum, aquilo que foi dito pelo Sr. Ge-

[13] Latim: Que se enganem os querem se enganar.

rald Massey em sua crítica. As contradições apontadas pelo erudito palestrante e escritor são patentes demais para serem explicadas por qualquer "pregador" ou especialista bíblico; pois o que ele disse – apenas numa linguagem mais concisa e vigorosa – é o que foi dito do descendente de Joseph Pandira (ou Panthera) em Isis Sem Véu (Vol. II, p. 201),[14] do Talmude Sepher Toldoth Jeshu. Sua crença no caráter espúrio da Bíblia e do Novo Testamento, como editados agora, é também a crença desta escritora. Diante da recente revisão da Bíblia e de seus muitos milhares de erros, erros de tradução, e interpolações (algumas admitidas, e outras mantidas), não teria cabimento repreender um oponente por ele não acreditar nos textos autorizados.

Mas os editores fariam objeção a uma sentença curta na crítica em observação. O Sr. Massey escreve:

De que vale fazer um "juramento sobre a Bíblia" de que qualquer coisa é verdade, se o livro sobre o qual você jura é um depósito de falsidades já detonadas ou a ponto de explodir?

Certamente não é um simbologista do poder e erudição igual ao Sr. M. G. Massey que chamaria o Livro dos Mortos ou Os Vedas ou qualquer outra escritura antiga de "um depósito de falsidades".[15] Por que não considerar à mesma luz todos os outros, o Velho e, numa medida ainda maior, o Novo Testamento?

Todos eles são "depósitos de falsidades", uma vez que sejam aceitos nas interpretações exotéricas da letra morta dos antigos e, especialmente, dos modernos glossaristas teológi-

[14] Edição inglesa.

[15] A quantidade extraordinária de informações coletadas por aquele hábil egiptólogo mostra que ele dominou completamente o segredo da produção do Novo Testamento. O Sr. Massey sabe a diferença entre o *christos* espiritual, divino e puramente metafísico, e o manequim montado do Jesus encarnado. Ele também sabe que o cânone cristão, especialmente os evangelhos, Atos e as epístolas foram feitos de fragmentos da sabedoria gnóstica, cujo alicerce é pré-cristão e construído sobres os mistérios da iniciação. Foi o método da apresentação teológica e dos textos interpolados – tais como Marcos 16:9 e sequência – que fez dos evangelhos um "depósito de falsidades" (perversas) e lança um insulto sobre o *christos*. Mas o ocultista que discerne entre as duas correntes (a gnóstica verdadeira e a pseudocristã) sabe que os textos livres das adulterações teológicas pertencem à sabedoria arcaica, e é assim que age o Sr. Massey, embora suas opiniões difiram das nossas. A chave para a recuperação da linguagem, no que diz respeito aos esforços do escritor, foi encontrada no uso, por estranho que pareça, da relação integral descoberta em números de diâmetro a circunferência de um círculo".

cos. Cada um desses registros tem servido, por sua vez, como um meio de se assegurar poder e apoiar a política ambiciosa de um sacerdócio inescrupuloso. Todos têm promovido a superstição, todos têm feito dos seus deuses Moloques e demônios sedentos de sangue e todos fizeram as nações servirem aos últimos em vez de ao Deus da Verdade. Mas enquanto os dogmas ardilosamente concebidos e as más interpretações intencionais dos escolásticos estão acima de qualquer dúvida, "falsidades já detonadas", os textos em si mesmos, são minas de verdades universais. Mas para o mundo dos pecadores e profanos, de qualquer modo, eles ainda são como os caracteres misteriosos traçados "pelos dedos de uma mão de homem" sobre a parede do Palácio de Belsazar: eles precisam de um Daniel para lê-los e entendê-los.

Nada obstante, a verdade não se deixou ficar sem testemunhas. Há, além dos grandes iniciados em simbologia escritural, um número de silentes estudiosos dos mistérios arcaicos do esoterismo, de eruditos proficientes em hebraico e em outras línguas mortas que devotaram suas vidas para decifrar os enigmas da esfinge das religiões do mundo. E estes estudantes, embora nenhum deles já domine todas as "sete chaves" que abrem o grande problema, já descobriram o bastante para ser capaz de dizer: Havia uma linguagem universal dos mistérios, na qual todas as escrituras do mundo foram escritas, desde os Vedas até o Apocalipse, do Livro dos Mortos aos Atos dos Apóstolos. Uma das chaves, de qualquer forma, a chave numérica e geométrica[16] para o discurso misterioso foi agora resgatada, uma língua antiga, verdadeiramente, que até esta época ficou oculta, mas as evidências da mesma existem abundantemente, como pode ser comprovado por demonstrações matemáticas inegáveis. Se, de fato, o mundo for forçado a aceitar literalmente a Bíblia, é fácil profetizar que mesmo as presentes novas gerações da Europa e da América a repudiarão, assim como têm feito todos os materialistas e

[16] A chave para a recuperação da linguagem, no que diz respeito aos esforços do escritor, foi encontrada no uso, por estranho que pareça, da relação integral descoberta em números de diâmetro da circunferência de um círculo" por um geômetra. "Esta razão é 6561 de diâmetro e 20612 de circunferência." (MS Cabalístico). (6) Em um futuro número de Lúcifer daremos mais detalhes, com a permissão do descobridor. (7) (Ver *The Secret Doctrine* I, p. 313 et seq.).

pensadores lógicos, em face das modernas descobertas dos orientalistas e dos esforços de estudantes independentes e cabalistas. Pois, quanto mais se estuda os textos religiosos antigos, mais se descobre que os alicerces do Novo Testamento são os mesmos dos Vedas, da teogonia egípcia, e das alegorias masdeístas. As expiações pelo sangue – pacto e transferência de sangue de deuses para homens e de homens sacrificados aos deuses – são a primeira ideia chave tocada em cada cosmogonia e teogonia; alma, vida e sangue eram palavras sinônimas em todas as línguas, predominantemente entre os judeus; e tal dádiva de sangue era dádiva de vida. Muitas lendas (geograficamente) entre nações estrangeiras atribuem alma e consciência a uma humanidade recém-criada com o sangue dos deuses criadores. Beroso registra uma lenda caldeia que atribui a criação de uma nova raça da humanidade à mistura do pó com o sangue que fluía da cabeça decepada do Deus Bel. "Por esse motivo é que os homens são racionais e compartilham o conhecimento divino", explica Beroso.[17] E Lenormant mostrou (*The Beginnings of History*, etc, p. 52, nota) que "Os órficos ... dizem que a parte imaterial do homem, a sua alma (a sua vida), surgiu do sangue de Dionysos Zagreus, que os titãs tinham feito em pedaços..." (8) O sangue "revifica os mortos" – i.e., interpretando metafisicamente, dá vida consciente e alma ao homem de barro, ou matéria – tal como é o moderno materialista . O significado místico da injunção, "Na verdade, na verdade vos digo que, se não comerdes a carne do Filho do homem, e não beberdes o seu sangue, não tereis vida em vós mesmos" (João 6:53) nunca poderá ser entendido nem apreciado no seu verdadeiro valor oculto, exceto por aqueles que possuírem algumas das sete chaves e, ainda assim, deem pouca importância a São Pedro.[18] Estas palavras, quer ditas por Jesus de Nazaré, quer

---

[17] *Cory's Ancient Fragments*, p. 59. Também o fazem Sanconiaton e Hesíodo, quando ambos atribuem a vivificação da humanidade ao sangue respingado dos deuses. Mas o sangue e a alma são um só (*nephesh*), e o sangue dos deuses significa aqui a iluminação da alma.

[18] A existência destas sete chaves é admitida virtualmente devido à profunda pesquisa no conhecimento egiptológico feita novamente pelo Sr. G. Massey. Enquanto se opõe aos ensinos do budismo esotérico – infelizmente incompreendidos por ele em quase todos os seus aspectos – em sua palestra *The seven souls of man and their cumination in Christ* (As sete almas do homem e sua culminância

por Jeshua Ben-Panthera, são palavras de um iniciado. Elas têm que ser interpretadas com a ajuda de três chaves – uma abrindo a porta psíquica, a segunda a da fisiologia e a terceira aquela que destranca o mistério do ser terrestre, por desvelar a inseparável combinação de teogonia com antropologia. É por revelar algumas dessas verdades, com o único objetivo de salvar a humanidade pensante das insanidades do materialismo e do pessimismo, que os místicos frequentemente são denunciados como servos do anticristo, mesmo por aqueles cristãos mais dignos, sinceramente pios e respeitáveis.

A primeira chave que se tem de usar para desvendar os segredos obscuros envolvidos no nome místico de Cristo é aquela que destrancou a porta dos mistérios antigos dos arianos primitivos, sabeus e egípcios. A *gnosis* suplantada pelo esquema cristão era universal. Era o eco da religião-sabedoria primordial que outrora tinha sido a herança tradicional de toda a humanidade e, portanto, pode-se verdadeiramente dizer que, em seu aspecto puramente metafísico, o espirito do *christos* (o Logos divino) esteve presente na humanidade desde o seu começo. O autor das Homilias Clementinas (10) está certo; o mistério do *christos* – que agora supostamente começou a ser ensinado por Jesus de Nazaré – "era idêntico" àquele que pela primeira vez tinha sido comunicado "aqueles que eram dignos", conforme citado em outra conferência.[19] Nós podemos aprender do evangelho segundo Lucas, que "dignos" eram aqueles que haviam sido iniciados nos mistérios da *gnosis* e que foram "considerados dignos" de alcançar a "ressurreição dos mortos" nesta vida (...) "Porque não podem mais morrer; pois são iguais aos anjos, e são filhos de Deus, sendo filhos da ressurreição." [Lucas 20:36 – NT]. Noutras pa-

em Cristo) ele escreve: "... este sistema de pensamento, este modo de representação, este setenário de poderes, em vários aspectos foi estabelecido no Egito pelo menos há sete mil anos atrás, como nós aprendemos de certas alusões a *Atum* (o deus 'em quem a paternidade estava individualizada como o criador de uma alma imortal', o sétimo princípio dos teósofos) encontradas nas inscrições recentemente descobertas em *Sakkarah*. Eu digo em vários aspectos porque a gnosis dos mistérios era pelo menos sétupla em sua natureza: elemental, biológica, elementar (humana), estelar, lunar, solar, e espiritual. E sem a compreensão de todo o sistema não poderemos discernir as várias partes, distinguir uma da outra e determinar quais e o que são à medida que tentamos seguir o sete simbólico através de suas diversas fases de caráter." (9)

[19] *Gnostics and History Christianity*. (11)

lavras, eles eram os grandes adeptos de qualquer religião; e as palavras aplicam-se a todos aqueles que, sem ser iniciados, empenham-se e conseguem, através de esforços pessoais, viver a vida e alcançar a iluminação espiritual que naturalmente se segue à fusão da sua personalidade – o "filho"– com o "pai", seu espírito divino individual, o Deus dentro deles. Esta "ressureição" jamais poderá ser monopolizada pelos cristãos, mas é o direito de nascimento espiritual de cada ser humano dotado de alma e espirito, qualquer que seja a sua religião. Tal indivíduo é um *homem-christo*. Por outro lado, os que optam por ignorar o *christos* (princípio) dentro de si mesmos, devem morrer como pagãos pecaminosos – apesar do batismo, da rezas e da crença em dogmas ininteligíveis.

A fim seguir essa explicação, o leitor deve ter em mente o verdadeiro significado arcaico da paronomásia envolvida nos dois termos *chrêstos* e *christos*. O primeiro significa certamente mais do que meramente "um homem bom", um "homem excelente", enquanto o último nunca foi aplicado a nenhum homem vivo, mas a cada iniciado no momento do seu segundo nascimento e ressureição.[20] Aquele que encontra *christos* dentro de si mesmo e o reconhece como o seu único "caminho" torna-se um seguidor e apóstolo do *christos*, embora possa nunca ter sido batizado nem mesmo conhecido um "cristão" ou mesmo chamado a si próprio de tal nome.

II

A palavra *chrêstos* existiu por eras antes do cristianismo. Ela é e usada, desde o quinto século quinto a.C. por Heródoto, Ésquilo e outros escritores gregos clássicos, tendo o seu significado sido aplicado tanto para pessoas como a coisas.

Assim, em Ésquilo (*Choëphoroe*, 901) lemos sobre: μαντεύματα τὰ πυθόχρηστα (*pythochresta*), os "oráculos concedidos por um Deus Pythio" por intermédio de uma pitonisa; (12) e *Pythochrêstos* é o nominativo singular de um adjetivo derivado de *Chraô* χράω (Eurípedes, Ion, 1218). (13) Os significados posteriores, cunhados livremente a partir desta

[20] "Na verdade, na verdade te digo que aquele que não nascer da água e do Espírito, não pode entrar no reino de Deus." (João 3:5). Eis aqui o nascimento que vem alto, o nascimento espiritual, obtido na suprema e última iniciação.

aplicação primitiva, são numerosos e variados. Os clássicos pagãos expressavam mais de uma ideia pelo verbo χράομαι , "consultando um oráculo", pois também significa "fadado", "condenado por um oráculo", no sentido de uma vítima sacrificial de seu decreto ou "pela palavra" uma que *chrêstêrion* é não apenas "a sede de um oráculo", mas também "uma oferenda para ou pelo oráculo."[21] *Chrêstês*, χρήστης, é aquele que expõe ou explica oráculos, "um profeta, um adivinho",[22] e *chrêstêrios*, χρηστήριος, é aquele que pertence a ou está a serviço de um oráculo, um deus ou um "mestre",[23] isso a despeito dos esforços de Canon Farrar.[24]

Tudo isso evidencia que os termos Cristo e cristãos, escri-

---

[21] A palavra χρεών é explicada por Hérodoto (7. 11. 7.) (14) como aquilo que um oráculo declara, e τὸ χρεὼν é dada por Plutarco (Lives: Nicias, iv, b) como "destino (sorte)", "necessidade". Vide Herod., VII, 215; V, 109 e Sófocles , Filoctetes, 437. (15)

[22] Ver Liddell and Scott, Greek-English Lexicon.

[23] Consequentemente, um guru, "um instrutor"; e *chela*, um "discípulo", nas suas relações mútuas.

[24] Em sua obra recente, The Early Days of Christianity (Os primeiros dias da cristandade), Canon Farrar comenta: "Salmos 34:8, χρηστὸς, "doce" (Aug. dulcis, Vulg. suavis). Cf. Lucas 5:39 e 6:35. Alguns têm suposto um jogo de palavras agradável , fundamentado em *itacism* [palavra sem correspondente na língua portuguesa – NT] entre *chrêstos* (doce) e *Christos* (Cristo)..." (Vol. I, p.158, nota de rodapé). Mas, não há nada para se supor, visto que isso começou, de fato, por um "jogo de palavras." O nome *Christus* não foi "distorcido para *Chrêstos*", conforme o erudito autor faria crer a seus leitores (I, p.19), mas foi o adjetivo e substantivo *chrêstos* que foi distorcido para *christus* e aplicado a Jesus. Numa nota de rodapé sobre a palavra *chrêstians* que ocorre na Primeira Epístola de Pedro (4:16), na qual os manuscritos posteriores revisados a palavra foi substituída por *christian*, Canon Farrar comenta novamente "...talvez devêssemos ler a distorção pagã ignorante, *chrêstian*... (I, p.171, nota de rodapé). Certamente que deveríamos; pois o eloquente escritor deveria lembrar-se do mandamento do Mestre de dar a César o que é de César. Não obstante o seu descontentamento, o Sr. Farrar é obrigado a admitir que o nome *christian* foi primeiramene inventado pelos sarcásticos e zombeteiros antioquianos já em 44 d.C., mas ainda não era de uso generalizado antes da perseguição por Nero. "Tácito (Ann. xv, 44) ele diz, usa a palavra *christianos* como um tipo de apologia. É bem sabido que no N.T. ela ocorre três vezes e sempre envolve um sentido hostil (Atos 11:26; 26:28), como acontece em [Atos] 4:16. (Vol. I, p. 147, nota de rodapé). Não foi apenas Cláudio que olhou para os cristãos com apreensão e suspeita, apelidados dessa forma escarnecedora porque por terem tornado concreto um princípio ou atributo subjetivo de todas as nações pagãs. Pois Tácito, falando a respeito desses a quem as massas chamavam de "cristãos", descreve-os como um grupo de homens detestados por sua maldade e seus crimes. Não é de se admirar, pois a história se repete. Há, sem dúvida, milhares de homens e mulheres nascidos cristãos nobres, sinceros e virtuosos hoje. Mas temos só que dar uma olhadela na ferocidade dos "pagãos" convertidos em cristãos; à moralidade dos prosélitos na Índia, a quem os próprios missionários se negam a dar emprego, para fazer um paralelo entre os convertidos de 1800 anos atrás e os modernos pagãos "alcançados pela graça".

tos originalmente *Chrêst* e *chrêstians*,[25] χρηστιανοί, foram diretamente tomados de empréstimo da terminologia dos templos dos pagãos e significavam a mesma coisa. O Deus dos Judeus foi agora substituído pelo oráculo e outros deuses; a designação genérica *chrêstos* tornou-se um substantivo aplicado a uma personagem especial, e novos termos tais como *chrêstianoi* e *chrêstodoulos*, "um seguidor ou servo de *Chrêstos*" – foram cunhados a partir do material anterior. Isso é demonstrado por Philo, o Judeu, um monoteísta, seguramente, que já usa o mesmo termo para propósitos monoteístas. Pois ele fala de θεόχρηστος (*theochrêstos*), "Deus declarado" ou aquele que é declarado por Deus, e de λόγια θεόχρηστα (*logia theochrêsta*), "declarações provindas de Deus" – o que prova que ele escreveu em uma época (entre o primeiro século a.C. e o primeiro d.C.) quando nem os cristãos nem os *chrêstians* eram ainda conhecidos por esses nomes, posto que chamavam a si mesmos de nazarenos. A diferença notável entre as duas palavras, χράω, "consultar ou obter resposta de um deus ou oráculo" (sendo χρεώ a forma jônica anterior a ela), e χρίω (*chrio*), "friccionar, ungir" (de onde temos o nome *Cristos*) não impediu a adoção e criação eclesiástica da expressão de Philo θεόχρηστος e do outro termo θεόχριστος, "ungido por Deus". Assim, a substituição silenciosa da letra η por ζ para fins dogmáticos foi conseguida da maneira mais fácil, como agora podemos perceber.

O significado secular de *chrêstos* atravessa toda a literatura grega clássica *pari passu* com aquele dado a ele nos mistérios. Demóstenes dizendo ὦ χρηστέ (De Corona, 318 [330]), quer dizer com isso simplesmente "caro amigo"; Platão (no Fedro, 264 C) tem χρηστὸς εἶ, ὅτι με ἡγεῖ – "você é um sujeito excelente em quem se pensar ..." (16) Mas, na fraseologia esotérica dos templos, *chrêstos*[26] uma palavra que, como o

[25] Justino O Mártir, Tertuliano, Lactâncio, Clemente de Alexandria, e outros o escreveram desta forma.

[26] Vide Liddell and Scott's Greek-English Lexicon. *Chrêstos* é realmente aquele que é continuamente advertido, aconselhado, guiado quer por um oráculo quer por um profeta. O Sr. G. Massey não está correto em dizer que "... A forma gnóstica do nome *Chrêst*, ou *Chrêstos*, denota o Bom Deus, não um original humano," pois ela denota este último sentido, i.e., um homem bom, homem santo. Mas ele está certo quando acrescenta que *chrêstianus* significa "doçura, bondade, ou benignidade; uma versão anterior de ***Sweetness and Light*** (Doçura e Luz) de Ma-

particípio *Chrêstheis*, é formada sob a mesma regra e exprime o mesmo sentido do verbo χράομαι ('consultar um deus') corresponde ao que nós chamaríamos de adepto ou a um *chela* avançado, um discípulo. É neste sentido que ela é usada por Eurípides (Ion, 1320) (18) e por Ésquilo (I C). (19) Essa qualificação era aplicada àqueles a quem o deus, o oráculo ou qualquer superior tinha proclamado isto, aquilo ou qualquer outra coisa mais. Um exemplo pode ser dado nesse caso.

As palavras χρῆσεν οἰκιστῆρα usadas por Píndaro (Odes: Pythia, IV, 6) (20) significam "o oráculo o proclamou o colonizador". Nesse caso o gênio da língua grega permite que o homem assim proclamado deva ser chamado de χρηστός (*Chrêstos*). Consequentemente, esse termo era aplicado a cada discípulo reconhecido por um mestre, também a cada homem bom. Assim, a língua grega permite etimologias inusitadas. A teologia cristã escolheu e decretou que o nome *Christos* deveria ser tomado como derivado de χρίω χρίσω (*Chrisô*), "ungido com unguentos perfumados ou óleo". Mas essa palavra tem muitas acepções. Ela é usada certamente por Homero com o significado de massagear o corpo com óleo depois do banho (Ilíada, XXIII, 186; também Odisseia, IV, 252) (21) como, ademais, fazem outros escritores antigos. Todavia, a palavra χριστης (*Christês*) significa mais um conciliador, enquanto a palavra *Chrêstes* (χρήστης) significa sacerdote ou profeta, um termo muito mais aplicável a Jesus do que aquele outro, "O Ungido", visto que, como Nork mostra, baseado na autoridade dos evangelhos, ele jamais foi ungido seja como rei ou como um sacerdote. Em resumo, há um abismo profundo subjacente a todo este esquema, que, como eu afirmo, apenas um conhecimento completo dos mistérios pagãos é capaz de desvendar.[27]

---

tthew Arnold." "Os *Chrêstoi*, como as boas pessoas, eram pré-existentes. numerosas inscrições mostram que o falecido, o herói, o santo – ou seja, o 'bom' – era escrito *Chrêstos*, ou o Cristo, e desse sentido de o 'bom' Justino, o apologista primal, derivou o nome cristão. Isso o identifica com a fonte gnóstica e com o 'Bom Deus' que se revelou a Marcion – isto é, o *Un-Nefer* ou Deus iniciador da teologia egípcia." – (Agnostic Annual). (17)

[27] Novamente eu tenho de recorrer àquilo que diz o Sr. G. Massey (a quem eu cito repetidamente porque ele estudou este assunto completa e conscienciosamente). "Minha contestação, ou melhor, explicação," diz ele, "é que o autor do nome cristão é o cristo-múmia do Egito chamado Karest, que era um tipo de espírito imortal no homem, o cristo interior (como diz Paulo), a descendência divina encarnada, o Logos, a Palavra da Verdade, o Makheru do Egito. Não se originou

Não se trata de os "primeiros pais" terem algum objetivo a afirmar, mas em vez disso, a questão agora é a evidência do real significado dado aos dois termos *chrêstos* e *christos* pelos antigos nas épocas pré-cristãs. Pois os últimos não tinham objetivo nenhum a alcançar, portanto nada para esconder ou disfarçar, e sua evidências é naturalmente a mais confiável das duas. Esta evidência pode ser obtida primeiro por se estudar o significado dado a essas duas palavras pelos clássicos, e então seu significado correto buscado na simbologia mística.

Então, *Chrêstos*, como já foi dito, é um termo aplicado em vários sentidos. Ele qualifica tanto a deidade como o homem. É usado no primeiro sentido nos evangelhos, como em Lucas (4:35), onde significa "bom" e "misericordioso", *χρηστός ἐστιν ἐπὶ τοὺς*, [e] em I Pedro 2:3, onde está dito, "Gentil é o Senhor", *χρηστὸς ὁ Κύριος*. Por outro lado, Clemente de Alexandria a explica como significando simplesmente um homem bom: "Todos os que acreditam em *chrêst* (um homem bom) ambos são, e são chamados *chrêstians*, isso é, homens bons." (Strom., lib. II, ch, iv). (23) A reticência de Clemente, cujo cristianismo, como comenta King com razão em seu *The Gnostics and Their Remains* (Os Gnósticos e seus Vestígios), foi não mais do que um logro ao repositório congenial de seu platonismo original, é bastante natural. Ele era um iniciado, um neoplatônico, antes de se tornar um cristão, fato que, não importa o quanto ele possa ter mudado em relação às suas antigas convicções, não o podia exonerar do seu juramento de manter sigilo. E como um teósofo e gnóstico, Clemente forçosamente deveria saber que *christos* era "o caminho", enquanto *chrêstos* era o peregrino solitário viajando continuamente em direção à meta definitiva através daquela "senda", cujo objetivo era *christos*, o espirito glorificado da "verdade", a reunião que torna a alma (o filho) Una com o (pai), o espírito. Que Paulo sabia disso é certo, pois as suas próprias expressões o provam. Pois o que significariam as palavras *οὓς παλιν ὠδίνω ἄχρις οὗ μορφωθῇ χριστὸς ἐν ὑμῖν*,

---

como uma mera imagem simbólica! A múmia conservada era o corpo morto de qualquer um que fosse um karest, ou mumificado, para ser preservado pelos vivos; e, através de repetição constante, isso se tornou um símbolo da ressurreição [do mundo dos mortos, não dos próprios mortos]." (22) Ver a explicação disso mais à frente.

ou, como dado nas traduções autorizadas, "de quem eu estou outra vez em dores de parto até que seja formado em vós o Cristo", senão o que nos é dado na sua interpretação esotérica, i. e, "até vocês encontrarem o Cristo dentro de si mesmos como o seu único 'caminho'. (Vide Gálatas 4:19).

Desse modo, Jesus, quer de Nazaré, quer de Lüd,[28] foi um *chrêstos*, tão inegavelmente quanto ele jamais foi autorizado a usar o nome de *Christos* durante a sua vida e antes do seu último julgamento. Pode ter sido, como Higgins sugere, que o primeiro nome de Jesus fosse χρειϛος, o segundo χρηϛος, e o terceiro χριϛος. A palavra χρειϛος era usada antes que a letra H (eta, letra grega, maiúscula) estivesse em uso na língua. (25) Mas o rev. R. Taylor (em sua resposta a Pye Smith, p. 113) é referido dizendo que "O epíteto complementar *chrêst* ... significava nada mais que um homem bom." (26)

Aqui outra vez muitos escritores podem ser citados como testemunho de que *Christos* (ou *Chrêistos*) era, juntamente com χρηϛος = *Hrêtos*, um adjetivo aplicado aos gentios antes da era cristã. Em Philopatris, 17, é dito: πάντα, εἰ τύχῃ γε χρηστὸς καὶ ἐν ἔθνεσι, i. e., "se por acaso houver *chrêstos* mesmo entre os gentios" etc. (27)

Tertuliano denuncia, no terceiro capítulo de sua Apologia, que a palavra *Christianus* é originária de interpretação astuciosa;[29] O Dr. Jones, por outro lado, deixando de fora

[28] Ou Lida. Refere-se aqui à tradição rabínica no gemara babilônica, chamada Sepher Toldoth Jeshu, segunda a qual Jesus seria o filho de alguém chamado Pandira e teria vivido um século antes da nossa chamada era cristã, a saber, durante o reinado do rei judeu Alexandre Janeu e sua esposa Salomé, que reinaram do ano 106 ao ano 79 a.C. Acusado pelos judeus de ter aprendido artes mágicas no Egito e ter roubado do Santo dos Santos o nome incomunicável, Jehoshua (Jesus) foi condenado à morte pelo Sinédrio em Lüd. Foi apedrejado e depois crucificado numa árvore na véspera da Páscoa Judaica. A narrativa é atribuída aos escritores talmúdicos do *Sotah* e do *Sanhedrin*, p.19, Livro de Jechiel. Ver Isis Sem Véu, II, p.201 [Ed. inglesa]; Arnobius [Adv. Gentes, I,43]; (24) *La Science des Esprits* [pp. 23-40], de Éliphas Lévy, e *The Historical Jesus and Mythical Christ*, uma palestra de G. Massey.

[29] *Christianus vero, quantum interpretatio est, de unctione deducitur. Sed et cum perperam Chrestianus pronunciatur a vobis (nam nec nominis certa est noticia penes vos), de suavitate vel benignitate compositum est.* (28) Canon Farrar faz grande esforço para mostrar tal *lapsus calami* [erro ortográfico acidental - NT] como o resultado de desgosto e medo. "Pode haver pouca dúvida", diz ele (em *The Early Days of Cristianity*, Vol.1, p. 60), "de que o nome *christian* ... foi um apelido devido ao humor sagaz dos antioquianos... É bastante evidente que os escritores sacros evitavam o nome (*christians*) porque ele era empregado por seus inimigos... (Tac. Ann., XV, 44). Ele só se tornou conhecido quando as virtudes dos

a informação corroborada por boas fontes de que *Hrêstos* (χρηςος) "era o nome usual dado (a Cristo) pelos gnósticos e mesmo pelos descrentes" assegura-nos que o nome verdadeiro deve ser χρισος ou *Christos* – desta forma repetindo e apoiando a "fraude piedosa" dos primeiros padres, uma fraude que levou à materialização de todo o sistema cristão.[30] Mas, proponho-me a evidenciar ao máximo o sentido real de todos esses termos até o ponto que estiver ao alcance dos meus humildes conhecimentos. *Christos*, ou a "condição crística", foi sempre sinônimo da 'condição de *mahatma*', i. e., a união do homem com o princípio divino no interior dele mesmo. Como diz Paulo (Efésios 3:17): "κατοικῆσαι τὸν χριστὸν διὰ τῆς πίστεως ἐν ταῖς καρδίαις ὑμῶν", "Que possais encontrar o Christos em vosso homem interno através do conhecimento", não da fé, como foi traduzido; pois *pistis* significa "conhecimento", como será mostrado mais adiante. (30)

Há ainda outra prova bem mais substancial que o nome *Christos* seja pré-cristão. A evidência disso é encontrada na profecia da *Erythraean Sibyl*. Nós lemos lá ΙΗΣΟΥΣ ΧΡΕΙΣΤΟΣ ΘΕΟΥ ΥΙΟΣ ΣΩΤΗΡ ΣΤΑΥΡΟΣ. (31) Do ponto de vista esotérico, esta torrente de palavras sem significado, que não faz sentido para os profanos, contém uma verdadeira profecia – só que não referente a Jesus – e um verso do catecismo místico do iniciado. A profecia refere-se à descida do Espírito da Verdade (*Christos*) à Terra, devendo, depois deste advento, que mais uma vez nada tem a ver com Jesus, começar uma Idade de Ouro; o verso refere-se à necessidade existente antes que seja alcançada aquela condição abençoada interior (ou subjetiva) de teofania e teopneustia [palavra composta de dois termos gregos: theos+pneuma (deus + espírito), referindo-se à manifestãção de uma divindadade – NT], de passar-se pela crucificação da carne ou matéria. Lidas exo-

---

cristãos lançaram algum brilho sobre ele..." Esta é uma desculpa bastante esfarrapada e uma explicação pobre para ser dada por um pensador tão proeminente quanto Canon Farrar. Quanto às "virtudes dos cristãos" dando brilho ao nome, esperamos que o escritor não tenha tido em mente nem Cirilo de Alexandria, nem Eusébio, nem o imperador Constantino, de fama assassina, e ainda os papas Bórgias e a Santa Inquisição.

[30] Citado por G. Higgins (Ver Vol. I, p. 570). (29)

tericamente, as palavras ***Iêsous Chreistos theou huios sôtêr stauros***, que significam literalmente "Iesus, Christos, Filho de Deus, Salvador, Cruz", são os melhores cabides para se pendurar uma profecia cristã, mas elas são pagãs, não cristãs.

Se me fosse pedido para explicar o nome Iêsous Chreistos, a reposta seria: estudem a mitologia, as chamadas "ficções" dos antigos, e elas lhes darão a chave. Ponderem sobre Apolo, o deus solar o "curador" e a alegoria sobre seu filho Janus (ou Ion), seu sacerdote em Delfos, somente por meio de quem poderiam as orações chegar até os deuses imortais, e seu outro filho Asclépio, chamado de o Sôter, ou Salvador. Eis aí um panfleto de história esotérica escrito em fraseologia simbólica pelos antigos poetas gregos.

A cidade de ***Chrisa***[31] (Crisa, atualmente) foi erguida por Apolo em homenagem a ***Kreousa*** (Creusa), filha do Rei Erecteu e mãe de Jano (ou Ion), em memória dos perigos dos quais Jano escapou.[32] Sabemos que Jano, abandonado por sua mãe numa gruta "para esconder a vergonha da virgem que dera à luz um filho", foi encontrado por Hermes, que trouxe o bebê para Delfos, criou-o perto do santuário e oráculo de seu pai, onde, sob o nome de ***Chrêsis*** χρε (χρεώ), tornou-se primeiro um ***Chrêstês*** (sacerdote, adivinho, ou iniciado) e, então, quase um ***Chrêtêrion***, "uma vítima sacrificial",[33] pronto a ser envenenado por sua própria mãe, que não o conhecia, e que, em seu ciúme, o confundiu, em virtude da insinuação nebulosa

[31] Nos dias de Homero, esta cidade, o assento principal da iniciação, tornou-se celébre por seus mistérios, e o nome de *chrêstos* era usado como um título durante a celebração dos mistérios. É mencionada na Ilíada, II. 520, como "*Krisa*" (Κρῖσα). O Dr. Clarke suspeitou que suas ruínas estivessem no lugar em que hoje existe Krestona, uma pequena cidade, ou melhor, um vilarejo, em Fócida, perto do Golfo de Crisa. (Ver E. D .Clarke, Travels in Various Countries of Europe, Asia and Africa. 4th ed. Vol. VII, Cap. VI. "Lebadéa to Delphi," p. 239).

[32] O radical de χρητός (*Chretos*) e χρηστός (*Chrêstos*) e um só e o mesmo: χράω que significa, num sentido, "consultar um oráculo", mas em outro "consagrado", posta à parte, pertencente a algum templo ou oráculo ou devotado a serviços oraculares. Por outro lado, a palavra χρε (χρεώ) significa "obrigação", um "vínculo", "dever", ou alguém que está sob a obrigação de promessas ou votos feitos.

[33] O adjetivo χρηστός era também usado como adjetivo antes de nomes próprios como um cumprimento, como no Teeteto de Platão, 166 A, " οὖτος δὴ ὁ Σωκράτης ὁ χρηστός" (32) (aqui Sócrates é o *Chrêstos*); e também como um sobrenome, como mostrou Plutarco (Vitae: Phocion, cap. X, sec. 2), que questiona o porquê de alguém tão grosseiro e inexpressivo como Phocion poderia ter o sobrenome *Chrêstos*. (33)

do oráculo, com um filho de seu marido. Ele a perseguiu até o altar com a intenção de matá-la, quando ela foi salva pela pitonisa que divulgou a ambos o segredo de seu relacionamento. Em memória dessa salvação, Creusa, a mãe, construiu a cidade de Chrisa, ou Krisa. Tal é a alegoria, e ela simboliza simplesmente as provações da iniciação.[34]

Descobriram, então, que Jano, o deus solar, filho de Apolo, o Sol, significa o "iniciador" e "aquele que abre o portal da luz", ou sabedoria secreta dos mistérios; que ele nasceu em Krisa (esotericamente Chris) e que era um *Chrêstos,* através de quem falava o deus; que era finalmente Ion, o pai dos ionianos e, dizem, um aspecto de Asclépio, outro filho de Apolo. É fácil agarrar o fio de Ariadne neste labirinto de alegorias. Não aqui é lugar, entretanto, para se provar questões colaterais em mitologia. É suficiente mostrar a conexão entre as personagens míticas de antiguidade remota e as fábulas posteriores que marcaram o início de nossa era de civilização. Asclépio (Esculápio) foi o médico divino, o "curador", o "salvador", Σωτήρ, como ele era chamado, um título também dado a Jano de Delfos; e IASO, a filha de Asclépio, era a deusa da cura, sob cuja proteção estavam todos os candidatos a iniciação no templo de seu pai, os noviços, ou *chrêstoi*, chamados "filhos de Iaso." (Vide, em relação ao nome, ***Plutus***, 701, de Aristófanes).

---

[34] Há estranhas características, bastante sugestivas para um ocultista, no mito (caso seja um) de Jano. Alguns Fazem dele a personificação do cosmos, outros, de *coelus* (o céu), de vez que ele possui "duas faces", por causa de suas duas características, de espírito e matéria, ele não somente é Jano Bifronte (duas faces), mas também quadrifronte: o quadrado perfeito, o emblema da deidade cabalística. Seus templos eram construídos com quatro lados iguais, com uma porta e três janelas em cada lado. Os mitólogos explicam isso como um emblema das quatro estações do ano, e três meses em cada estação, e o todo como os doze meses do ano. Durante os mistérios da iniciação, contudo, ele tornava-se o Dia-Sol e a Noite-Sol. Por isso, ele é representado frequentemente o número 300 em uma mão e 65 na outra, ou o número de dias do ano solar. Já Chanoch (Kanoch e Enoque na Bíblia) é, como pode ser mostrado por fundamento cabalística, um e a mesma personagem, quer seja filho de Cain, filho de Seth ou filho de Matusalém. Como Chanoch (de acordo com Furest), "ele é o iniciador, instrutor – do círculo astronômico e do ano solar"; como filho de Matusalém, que se diz ter vivido 365 anos e ter sido levado vivo para os céus, ele seria a representação do Sol (ou Deus). (Ver o Livro de Enoque). Esse patriarca tem muitas coisas em comum com Jano, que é exotericamente Ion, mas IAO do ponto de vista cabalista, ou Jehovah, o "Senhor Deus da Geração" , o misterioso Yod, ou Um (um número fálico). Pois Jano ou Ion é também *Consivium*, um *conserendo*, (34) porque presidiu uma geração. Ele é visto dando boas-vindas a Saturno (Cronos, o tempo), e é o iniciador do ano, ou do tempo dividido em 365.

Agora, se lembrarmo-nos primeiramente que os nomes de Iesus, em suas diferentes formas, tais como Iasius, Jason and Iasus, eram muito comuns na Grécia antiga, especialmente entre os descendentes de Jasuis (os jazidas), como também o número dos "filhos de Iaso", os *mystöi* e *epoptai* (iniciados), por que não deveriam as palavras enigmáticas no Livro Sibilino ser lidas em sua legítima luz, a qual nada tem a ver com a profecia cristã? A doutrina secreta ensina que as primeiras duas palavras ΙΗΣΟΥΣ ΧΡΕΙΣΤΟΣ significam simplesmente "filho de Iaso, um *chrêstos*", ou servo do Deus oracular. Realmente Iasô (Ἰᾶσώ) está no dialeto jônico Iêsô (Ἰησώ), e a expressão (Iêsous) – em sua forma arcaica, Ἰησοῦς, significa simplesmente "o filho de Iaso, ou Iêsô," "o curador", i.e., ὁ Ἰησοῦς (υἱός). Certamente, não há objeção a essa interpretação ou ao nome ser escrito Iêsô em vez de Iaso, visto que o primeiro é ático, e, portanto incorreto, pois o nome é jônico. "Iêsô de onde vem "ho Iêsous" (filho de Iêsô) – i.e., um genitivo e não um nominativo – é jônico e não pode ser nada mais se a época do Livro Sibilino for levada em consideração. Nem poderia a sibila de Eritreia tê-lo escrito de outra maneira, visto que a Eritreia, sua própria residência, era uma cidade na Jônia (de Jon ou Jano) do outro lado de Chios, e que a forma jônica precedeu a forma ática.

Pondo de lado neste caso o significado místico da agora famosa sentença sibilina e dando apenas sua interpretação literal, com base em tudo o que já foi dito, as palavras até aqui misteriosas significariam: "Filho de *Iasô*, *chrêstos* (o sacerdote ou servo) (do filho) do deus (Apolo) o salvador da cruz – (de carne ou matéria).[35]

---

[35] *Stauros* tornou-se a cruz, o instrumento da crucificação, muito mais tarde, quando começou a ser representado como um símbolo cristão e com a letra grega T, o Tau. (Lucian, Judician Vocalium). (35) Seu significado primitivo era fálico, um símbolo dos elementos masculino e feminino; a grande serpente da tentação, o corpo que tem de ser morto e dominado pelo dragão da sabedoria, o *Chnouphis* solar de sete vogais ou espirito do Christos dos gnósticos, ou, novamente Apolo mantando Python.

RUINAS DO TEMPLO DA SIBILA
Tivoli (antiga Tibur), Itália.

Verdadeiramente, o cristianismo nunca poderá ser compreendido até que todo traço de dogmatismo seja varrido dele e a letra morta sacrificada ao eterno espírito da verdade, que é Horus, que é Krishna, que é Buda, tanto quanto é o *Christos* Gnóstico e o verdadeiro Cristo de Paulo.

Em *Travels*, do Dr. Clarke, o autor descreve um monumento pagão descoberto por ele:

> ... dentro do santuário, atrás do altar, nós vimos os fragmentos de um mármore *Béma*, ou *Cathedra*; na parte de trás do qual encontramos a seguinte inscrição, exatamente como está aqui, parte alguma foi alterada ou apagada; apresentando, talvez, o único exemplo conhecido de uma inscrição sepulcral sobre um monumento de forma tão memorável.

A inscrição é a seguinte: ΧΡΗΣΤΟΣ ΠΡΩΤΟΥ ΘΕΣΣΑΛΟΣ ΛΑΡΕΙΣΑΙΟΣ ΠΕΛΑΣΓΙΩΤΗΣ ΕΤΩΝ ΙΗ ΗΡΩΣ ; ou "*Chrêstos*, o primeiro, tessalonicense de Larissa, pelagiano, herói (*hêro*) de 18 anos de idade;" *Chrêstos* o primeiro (*protou*), por quê? (36) Lida literalmente a inscrição tem pouco sentido; interpretada esotericamente, é plena de significado. Como o Dr. Clarke mostra, a palavra *Chrêstos* é encontrada em quase todos epitáfios dos antigos habitantes de Larissa;

mas está sempre precedida por um nome próprio. Caso o adjetivo *Chrêstos* viesse depois do nome, ele significaria "um bom homem", um elogio póstumo feito ao defunto, o mesmo que encontramos em nossos epitáfios tumulares modernos. Mas a palavra *Chrêstos*, aparecendo sozinha e a outra palavra, *protou*, vindo em seguida, dá-lhe um significado bem diferente, especialmente quando o falecido é especificado como um "hêro", herói. À mente de um ocultista, o defunto era um neófito, que tinha morrido em seu 18° ano de *neofitismo*,[36] e permanecido na primeira classe, ou a mais elevada do discipulado, tendo passado por suas provas preliminares como um "hêrô", heróis, embora tenha morrido antes do seu último mistério, que teria feito dele um *Christos*, um ungido, uno com o espírito do *Christos* ou a verdade dentro dele. Ele não havia chegado ao fim da "senda", embora tivesse completado heroicamente os horrores das provas teúrgicas preliminares.

Estamos bastante seguros de que ao ler a inscrição dessa forma, depois deixar o local onde o Dr. Clark descobriu a placa, que estava, como comenta Godfrey Higgins, lá no lugar "onde eu esperava encontrá-la; em Delfos, no templo do Deus Ie," que, entre os Cristãos, tornou-se Jah, ou Jehovah, uno com Jesus Cristo. Foi aos pés do Parnaso, num ginásio "junto à fonte de Castália que fluía pelas ruínas de Crisa, provavelmente a cidade chamada Crestona, no Golfo de Crisa." (37) E continua: "Na primeira parte de seu curso a partir da fonte de Castália, o (rio) separa os vestígios do ginásio, onde agora fica o Mosteiro Panaja, da Vila de Castri, como ele provavelmente fazia a partir da velha cidade de Delfos..." (38) – o assento do grande oráculo de Apolo, da cidade de Crisa (ou Creusa) e o grande centro das iniciações e dos decretos e oráculos dos *Chrêstoi*, onde os candidatos aos últimos trabalhos eram ungidos com óleos sagrados[37] antes de serem imersos no seu último transe de quarenta e nove horas de duração (como até

[36] Mesmo hoje em dia na Índia, o candidato perde seu nome, e também como na Maçonaria, a sua idade (monges e freiras também mudam os seus nomes cristãos no momento em que aceitam a ordem e tomam os seus votos) e começa a contar os seus anos a partir do dia que é aceito como um *chela*, entrando no ciclo de iniciações. Assim, Saul era "uma criança de um ano" quando começou a reinar, embora fosse um adulto desenvolvido. Ver I Samuel 12:1, e pergaminhos [manuscritos] hebreus sobre a iniciação de Samuel.

[37] Demóstenes, D Corona, 259 [313], declara que os candidatos à iniciação nos

os dias de hoje, no Oriente) do qual eles ressurgiam como glorificados adeptos ou *Christoi*...

> Nos *Clementine Recognitions* (Reconhecimentos Clementinos) é anunciado que o pai ungiu seu filho com "com óleo retirado da madeira da árvore da vida e, por essa unção, ele é chamado o Cristo"; daí o nome cristão. Novamente, isso vem do Egito. Hórus era o filho ungido do pai. O modo de ungi-lo com óleo retirado da árvore da vida, como retratado nos monumentos, é realmente muito primitivo; e o Hórus egípcio teve continuidade no Cristo Gnóstico, que é reproduzido nas pedras gnósticas como um intermediário entre o *Karest* e o Cristo, como também o Hórus de ambos os sexos. (*The Name and Nature of the Christ*.– GERALD MASSEY.) (39).

O Sr. G. Massey relaciona o *Christos*, ou *Christ*, grego com o Karest egípcio, a "múmia da imortalidade", e prova-o muito cabalmente. Ele começa por dizer que, em egípcio, a "Palavra da Verdade" é *Ma-kheru*, e que esse é o título de Hórus. Portanto, como ele demonstra, Hórus precedeu a Cristo como o Mensageiro da Palavra da Verdade, o *Logos*, ou manifestador da natureza divina na humanidade. No mesmo documento ele escreve o seguinte:

> A gnosis teve três fases – astronômica, espiritual e doutrinária, e as três podem ser identificadas com o Cristo do Egito. Na fase astronômica a constelação de Órion e chamada *Sahu*, ou múmia. A alma de Hórus era representada ascendendo dentre os mortos ao céu nas estrelas de Órion. A imagem-múmia era aquela preservada, a salva, portanto um retrato do Salvador, como um modelo de imortalidade. Esta era a figura de um homem morto, que, como nos dizem Plutarco e Heródoto, era transportada em redor de um banquete egípcio quando os convidados eram chamados a olhar para ela e comer e beber e ficarem alegres, porque quando eles morressem, eles se tornariam aquilo que a imagem simbolizava – isto é, eles também seriam imortais! Este tipo

mistérios gregos eram ungidos com óleo. Assim como são hoje na Índia, mesmo na iniciação dos mistérios iogues, sendo usados diversos óleos e unguentos.

de imortalidade era chamada de *karest*, ou *karust*, e era o Cristo egípcio. *Kares* significa embalsamar, ungir, tornar a múmia como um modelo de eternidade; e, quando feito, ela era chamada de *karest*; por isso não é somente uma questão de nomenclatura, *karest* por Cristo.

Somos capazes de ir além de uma palavra grega que significa ungido ou embalsamado; aqui nós podemos identificar um determinante no domínio das coisas.

Esta imagem do karest estava envolvida num sem costuras, a vestimenta própria do Cristo! Não importa que cumprimento pudessem ter as bandagens das múmias, e algumas delas quando desenroladas chegavam a ter 1000 jardas [cerca de 915 metros – NT] de comprimento, a trama era sem costura do começo ao fim... Assim, essa veste sem costuras do *karest* egípcio é uma reveladora do cristo místico, o qual se torna histórico nos evangelhos como aquele que veste uma túnica feita sem costuras, que nem os gregos nem os hebreus explicam completamente, mas que é explicada pelo ketu egípcio que significa tecido, e pelos mantos sem costuras que eram para serem vestidos pela eternidade e usados pela múmia-cristo, a imagem da imortalidade nas tumbas do Egito...

... Além disso, Jesus é entregue à morte de acordo com as instruções dadas para torná-lo um *karest*. Nenhum osso deveria ser quebrado. O verdadeiro *karest* deveria ter todos os membros perfeitos. "Este é aquele que surge são; do qual os homens não sabem o nome."

Nos evangelhos Jesus ressurge com todos os membros sãos, como o *karest* perfeitamente preservado, para demonstrar a ressurreição física da múmia. Mas, no original egípcio, a múmia se transforma. O falecido diz: "Eu estou espiritualizado. Tornei-me uma alma. Eu me levanto como um Deus." Esta transformação em imagem espiritual, o *Ka*, foi omitida nos evangelhos, e, como resultado, o cristo cristão nem é físico, nem espiritual; os modelos gnósticos sendo continuados sem a gnosis [pp. 9-10].

(...) Esta ortografia do nome *chrest* ou *chrést* em latim é extremamente importante, porque ela me permite provar a identidade com o *karest*, ou *karust*, egípcio, o nome do Cristo como a múmia embalsamada, que era a imagem da ressurreição nas tumbas egípcias, o modelo da imortalidade, à semelhança de Hórus, que ressurgiu e abriu caminhou para fora da sepultura para aqueles que eram seus discípulos ou seguidores. Além do mais, este tipo de *karest*, ou múmia cristo, encontra-se reproduzido nas catacumbas de Roma. Não foi encontrada nenhuma representação da suposta ressurreição histórica de Jesus em nenhum dos monumentos cristão primitivos. Mas, em vez disso, encontramos a cena de Lázaro sendo ressuscitado dentre os mortos. Essa cena foi apresentada e representada como a ressureição típica, quando nela não há nada de real! A cena não está exatamente de acordo com a ressurreição do túmulo no evangelho. Ela é puramente egípcia, e Lázaro é uma múmia egípcia! Assim, Lázaro, em cada representação, é a múmia típica da ressurreição; Lázaro é o *karest*, que era o cristo egípcio e que era reproduzido pela arte gnóstica nas catacumbas de Roma como uma forma do cristo gnóstico, que não era e não poderia se tornar uma personagem histórica.
Mais ainda, como o assunto é egípcio, é provável que o nome seja derivado da língua egípcia. Se for assim, *Laz* (igual à *Ras*) significa ser erguido, enquanto *aru* é a múmia por nome. Com a terminação grega ς chegamos a *Lazarus* (Lázaro). No processo de se humanizar os mitos, a representação típica da ressurreição encontrada nas tumbas de Roma e do Egito tornar-se-ia a história de Lázaro sendo erguido dentre os mortos. Este *karest* típico do Cristo nas catacumbas não está limitado a Lázaro. [pp. 12-13]
Por meio do *karest* típico, o Cristo e os cristãos podem ser rastreados nas antigas tumbas do Egito. A múmia era feita à semelhança do Cristo. Era o Cristo por nome, idêntico ao *Chrestoi* das inscrições gregas. Assim, os mortos honrados que ressurgiam outra vez como seguidores de *Hórus-Makheru*, a

Palavra da Verdade, são descobertos como sendo os cristãos οἱ χρηστοί nos monumentos egípcios. *Ma-Kheru* é o termo sempre aplicado aos fiéis que conquistam a coroa da vida e a usam no festival designado "vinde a mim" – um convite de Hórus, o justificador, àqueles que são os "benditos de seu pai, Osiris"– e que tendo feito da Palavra da Verdade a lei de suas vidas, foram justificados (οἱ χρηστοί), os cristãos sobre a Terra. [p. 12].

Em uma representação do quinto século da Madona e do seu filho, no cemitério de São Valentim, a criança recém-nascida deitada numa caixa ou berço é também o *karest*, ou a múmia-tipo, mais tarde identificada como o bebê divino dos mitos solares, em virtude do disco do Sol e da cruz do equinócio por trás da cabeça do bebê. Assim, o Cristo-criança da fé histórica nasce, e começa visivelmente na imagem do *karest* do Cristo morto, que foi a múmia-tipo da ressurreição no Egito por milhares de anos antes da era cristã. Isso dobra a prova de que o Cristo das catacumbas cristãs era um sobrevivente do *karest* do Egito.

Ademais, como mostra Didron, havia um retrato do Cristo com o seu corpo pintado de vermelho![38] Havia uma tradição popular de que o Cristo tinha a tez vermelha. Isto também pode ser explicado como uma sobrevivência da múmia-Cristo. Era uma maneira aborígine de tornar as coisas *tapu* (tabus) ao colori-las de vermelho. O cadáver era pintado de ocre vermelho – uma forma muito primitiva de se fazer a múmia, ou o ungido. Assim o deus Ptah diz a Ramsés II que "renovou a sua pele com vermelhidão". Além disso, o iniciado nos mistérios gregos era revestido ou untado com argila (Demóstenes, De Corona, 313). Esse revestimento com argila vermelha é chamado *kura* pelos maoris, que de maneira semelhante faziam seu *karest*, ou Cristo.

Vemos a imagem-múmia tendo sequência em outra linha de descendência quando aprendemos que, entre outras heresias perniciosas e pecados mortais dos quais os cavaleiros templários foram acusa-

[38] Porque ele é cabalisticamente o novo Adão, o "homem celestial"; e Adão foi feito da terra vermelha. [Nota de H.P.B.].

dos, estava o costume ímpio de adorar uma múmia de olhos vermelhos. Seu Ídolo, chamado *Baphomet*, também era supostamente uma múmia... A múmia foi a imagem humana mais primitiva do Cristo.

Eu não duvido de que os antigos festivais romanos chamados de *Charistia* estivessem relacionados, em sua origem, com o *karest* e a Eucaristia como uma celebração em honra dos *manes* [na mitologia romana, eram as almas dos entes queridos falecidos – NT] dos seus bons amigos e parentes mortos, Kith e Kin, aos quais se reconciliavam em reunião amistosa a cada ano.

É aqui, então, que nós devemos buscar a ligação essencial entre o Cristo egípcio, os cristãos e as catacumbas romanas.

Estes Mistérios Cristãos, explicados ignorantemente como inexplicáveis, podem ser resolvidos pelo gnosticismo e pela mitologia, mas de outra maneira. Não é que eles sejam insolúveis pela razão humana, como os seus expositores incompetentes, apesar de muito bem pagos, atualmente pretendem. Essa é uma desculpa pueril para sua falta de preparo ou para sua desamparada ignorância – eles que nunca tiveram de posse da *gnosis*, ou ciência dos mistérios, somente por meio dos quais é possível explicar essas coisas de acordo com a sua gênese natural. Apenas no Egito podemos ler o assunto em sua raiz ou identificar a origem do Cristo por natureza e por nome, para descobrir no final que o Cristo era a múmia-tipo, e que a nossa cristologia é mitologia mumificada. [pp.13-14] (Anuário Gnóstico). (40)

O que foi exposto acima é uma explicação sobre evidências puramente científicas, mas, talvez, um pouco materialista demais, exatamente por ser uma ciência, não obstante o fato de o autor ser um bem conhecido espiritualista. O ocultismo puro e simples encontra os mesmos elementos místicos na fé cristã e em outras fés, embora rejeite tão enfaticamente seu caráter dogmático e histórico. É um fato que nos termos Ἰησοῦς ὁ χριστός (Ver Atos 5:42; 9:34; I Coríntios 3:11 etc), o artigo ó que designa *Christos* prova que ele é apenas um sobrenome, como o de Phocion, que é referido como Φωκίων ὁ χρηστός (Plutarco, Vitae). (41) Ainda assim, o personagem (Jesus) a quem se dirige o título – não importa quando tenha vivido – foi um grande Iniciado e um "filho de Deus".

Dessa forma, reafirmamos, o sobrenome *Christos* está baseado em eventos que o precederam, e da mesma forma a história da crucificação se deriva de tais eventos. Em toda parte, na Índia ou no Egito, na Caldeia ou na Grécia, todas essas lendas foram construídas sobre o único e mesmo tipo; o sacrifício voluntário dos Logoi – os raios do Logos, a emanação direta manifestada do Uno não manifestado, infinito e desconhecido – cujos raios se encarnaram na humanidade. Eles consentiram em cair na matéria e são, portanto, chamados de "os decaídos". Esse é um daqueles grandes mistérios que dificilmente podem ser abordados num artigo de revista, mas que podem ser consultados na íntegra num outro trabalho meu, *The Secret Doctrine* (A Doutrina Secreta).

Ainda que tendo falado bastante, mais alguns fatos devem ser acrescentados à etimologia dos dois termos. Χριστός, sendo o predicativo em grego de χρίω, "ser ungido" em óleo e unguentos, e a palavra vindo finalmente a significar "o ungido" na teologia cristã; e *Kri*, em Sânscrito, a primeira sílaba no nome de *Krishna*, significando "derramar", "untar", "cobrir com",[39] entre muitas outras coisas, isto pode facilmente nos levar a associar Krishna ao "ungido". Os filólogos cristãos tentam limitar o significado do nome de Krishna a sua derivação de *Krish*, "preto"; mas se a analogia e a comparação das raízes sânscritas com o grego contidas nos nomes de *chrêstos e christos* e *chrisna* forem analisadas mais cuidadosamente, descobrir-se-ia que todas elas têm a mesma origem.[40]

---

[39] Consequentemente conservando a memória da doutrina dos mistérios. A mônada pura, o "deus" encarnando e que vai se tornando o *Chrêstos*, ou homem, em sua provação de vida, uma série daquelas provas o conduziram à crucificação na carne e, finalmente, à condição de *Christos*.

[40] Com toda propriedade, a derivação do grego *Christos* é mostrada da raiz do sânscrito *ghrish*, "esfregar, friccionar"; assim: *gharsh-â-mi-to* e *ghrish-a-s*, "esfolado, desgastado", "ferido". Além disso, *krish*, que num sentido significa arar, fazer sulcos, significa também causar dor, "torturar", "atormentar", e *ghrish-a-s*, "fricção" – todos esses termos relacionados às condições de *Chrêstos* e *Christos*. É preciso que se morra em *Chrêstos*, i.e., matar a sua personalidade e paixões, apagar cada ideia de separação do "Pai", o espirito divino no homem, para ser tornar um com a vida e luz eterna e absoluta (*Sat*) antes que se possa alcançar

> Nas *Böckh's Christian Inscriptions* (Inscrições Cristãs de Böckh), em número de 1287, não há um único exemplo datado de antes do terceiro século em que o nome não seja escrito *Chrêst* ou *Chreist*. [*The Name and Nature of the Christ*, por G. Massey, The Agnostic Annual (O Anuário Gnóstico)]. (42)

Contudo, nenhum destes nomes pode ser decifrado, como imaginam alguns orientalistas, meramente com a ajuda da astronomia e o conhecimento dos signos do Zodíaco em conjunto com símbolos fálicos. Porque, enquanto os símbolos siderais dos caracteres ou personificações místicas nos Puranas ou na Bíblia cumprem funções astronômicas, seus antítipos espirituais governam o mundo invisivelmente, mas de modo muito efetivo. Eles existem como abstrações nos planos mais elevados, como ideias manifestadas no plano astral e tornam-se poderes masculinos, femininos e andrógenos neste nosso plano inferior. Escorpião, como *Chrêstos-Meshiac*, e Leão, como *Christos-Messiah*, muito anteriores a era cristã nas provas e triunfos da iniciação durante os mistérios, Escorpião como símbolo das provas, Leão como símbolo do triunfo glorificado do "sol" da verdade. A filosofia mística da alegoria é bem entendida pelo autor de *The Source of Measures* (A Fonte das Medidas), que escreve no esquema dos autores do cristianismo dogmático:

> ... Um [*Chrêstos*], permitindo-se descer à cova [do Escorpião, ou à encarnação no útero] para a salvação do mundo; este era o sol despojado de seus raios dourados e coroado com raios enegrecidos[41]

---

o glorioso estado do *Christos*, o homem regenerado, o homem liberto espiritualmente.

[41] Os orientalistas e teólogos são convidados a ler e estudar a alegoria de Viswakarman, o "Onisciente", o Deus védico, o arquiteto do mundo, que sacrificou a si mesmo para si mesmo ou o mundo, depois ofereceu todos os mundos, que são ele mesmo, em um *Sarva Medha* (sacrifício geral) – e ponderar a respeito dela. Na alegoria purânica, sua filha Yoga-siddha, "Consciência Espiritual" a esposa se Surya, o Sol, reclama para ele da excessiva refulgência de seu marido; e Viswakarman, na sua personalidade de Takshaka, "o cortador de madeira ou carpinteiro", colocando o Sol em sua morsa, tira fora uma parte de seu brilho. Surya, depois disso, aparece coroado com espinhos negros ao invés de raios e torna-se Vitarttana (tosquiado de seus raios). Todos esses nomes são termos que eram usados pelos candidatos quando estavam passando pelas provas da iniciação. O hierofante iniciador, personificado por Viswakarman, o pai, o artífice geral dos deuses (os adeptos na Terra), e o candidato – Surya, o Sol, que tinha que matar

> (simbolizando a sua perda), como os espinhos; o outro era o triunfante messias, elevado até o mais alto dos céus, personificado como o Leão da Tribo de Judá. Em ambos os exemplos ele tinha a cruz, uma humilhação (ou o filho da cópula) e, outra vez, tendo-a sob o seu controle, como a lei da criação, uma vez que era Jehovah... (43)

Pois, como o mesmo autor mostra mais adiante, João, Jesus e mesmo Apolônio de Tiana "eram não mais que símbolos resumidos da história do mesmo sol, em diferentes aspectos e condições".[42] (44) A explicação, ele diz:

> é bastante simples, quando se considera que os nomes Jesus, hebraico,[43] e Apolônio, ou Apolo, são nomes semelhantes do Sol no céu; e necessariamente a história de um, quanto a suas viagens através dos signos, com as personificações de seus sofrimentos, triunfos e milagres, não poderia ser senão a história do outro, havendo um método muito difundido comum de descrever essas viagens personificando-as. (45)

---

todas as suas paixões inflamadas e usar uma coroa de espinhos enquanto crucificava o seu corpo antes de poder se reerguer e renascer para uma nova vida como a "Luz do Mundo" glorificada – *Christos*. Nenhum orientalista parece ter percebido a sugestiva analogia existente e, muito menos, a possibilidade de aplicá-la!

[42] O autor de *The Source of Measures* pensa que isso "serve para explicar porque a *Vida de Apolônio de Tiana*, por Filóstrato, tem a sua tradução persistentemente obstada, a fim de evitar a sua leitura pelo público." Aqueles que a estudaram no original têm sido forçados a comentar que ou *A Vida de Apolônio de Tiana* foi retirado do Novo Testamento ou as narrativas do Novo Testamento foram retiradas de *A vida de Apolônio de Tiana*, por causa da manifesta similaridade dos meios de construção das narrativas." (p. 260).

[43] A palavra ש י ח, *shiach*, é em hebraico a mesma palavra usada como forma verbal para significar "descer a sepultura". Como substantivo, ela significa cova, lugar de espinhos; também uma palavra de queixa. O particípio *hifil* desta palavra *é* חישמ, *ou* meshiach, ou messias em grego, Cristo, e significa 'aquele a quem é permitido descer à sepultura' (47) (ou inferno, no dogmatismo). Na filosofia esotérica, este descer à sepultura tem um significado esotérico dos mais misteriosos. O espírito "*christos*", ou melhor o Logos (leia-se Logoi), "desce à sepultura" quando se encarna, nasce como homem. Depois de ter roubado o segredo dos elohim (ou deuses) o "fogo procriador da vida", os anjos da luz se veem precipitados no abismo da matéria, chamado inferno, ou abismo sem fundo, pelos gentis teólogos. Isso, em cosmologia e antropologia. Durante os mistérios, contudo, é o *chrêstos*, o neófito (como homem), etc., que teve de descer até às criptas da iniciação e, finalmente, durante as horas em que o novo iniciado recebe os últimos e definitivos mistérios. Hades, Scheol, ou Patala, são todos o mesmo. O mesmo acontece no Oriente hoje, como acontecia há 2.000 anos atrás no Ocidente durante os mistérios.

O fato de que a igreja secular foi fundada por Constantino e que era parte de seu decreto secreto "que o venerável dia do Sol viesse ser o dia separado para a adoração de Jesus Cristo como o dia do Sol" mostra que era bem sabido pela "Igreja secular" que aquela alegoria "se apoiava sobre base astronômica", como o autor afirma. (46) Portanto, mais uma vez, a circunstância de que tanto os Puranas como a Bíblia estão cheios de alegorias solares e astronômicas não milita contra aquele outro fato de que outras escrituras da espécie são livros fechados para os eruditos "que têm autoridade". Nem isso afeta aquela outra verdade de que todos esses sistemas não são trabalho de homens mortais nem são invenções deles em sua origem e base.

Desta forma *christos*, sob qualquer nome que lhe seja atribuído, significa mais do que *karest*, uma múmia, ou até mesmo que "o ungido" e eleito da teologia. Ambos os termos aplicam-se ao *chrêstos*, o homem das dores e tribulações, em suas condições físicas, mentais e psíquicas, e ambos relacionam-se à condição do *meshiach* hebreu (de onde provém a palavra messias), como a palavra é etimologizada por Fuest e pelo autor de *The Source of Measures*, p. 255. *Christos* é a coroa de glória do *chrêstos* sofredor dos mistérios, como do candidato à união final, qualquer que seja o credo ou raça. Para o verdadeiro seguidor do espírito da verdade, pouco importa se Jesus, como homem e *chrêstos*, viveu e morreu pela humanidade ou, antes, que ele jamais tenha vivido. Os Adeptos, que viveram e morreram pela humanidade, têm existido por todas as eras, e muitos eram homens bons e santos na antiguidade que portavam o sobrenome ou título de *chrêstos* antes de Jesus de Nazaré, ou de outro modo Jesus (ou Jehoshua Ben Pandira), ter nascido.[44] Portanto, pode-se permitir que se conclua, com boa razão, que Jesus, ou Jehoshua, foi como Sócrates, como Phocion, como Teodoro e tantos outros cognominados chrêstos, i.e., os "bons, e excelentes", os gentis, e santos iniciados,

[44] Diversos clássicos dão testemunho deste fato. Luciano (Iupp. Conf., 16) diz Φωκίων ὁ χρηστός, and Φωκίων ὁ ἐπίκλην (λεγόμενος, cognominado) χρηστός. (48) No Fedro, 266 E, está escrito, "você quer dizer Teodoro, o *chrêstos*." Τὸν χρηστὸν λέγεις Θεόδωρον. Plutarco mostra o mesmo; e Χρηστος – *chrêstos*, é o nome próprio (ver a palavra no *Thesauro. Steph*) (49) de um orador e discípulo de Herodes Atticus.

que mostraram a "senda" para a condição de *christos*, e assim se tornaram "o caminho" nos corações de seus entusiásticos admiradores. Os cristãos, como todos os "adoradores de heróis", têm tentado ofuscar todos os outros *chrêstoi* que lhes pareciam ser como rivais do seu homem-deus. Mas, se a voz dos mistérios tem estado silente por muitas eras no Ocidente, se Elêusis, Mênfis, Delfos e Crisa têm há muito tempo sido as tumbas de uma ciência outrora tão colossal no Ocidente como ainda é no Oriente, há sucessores agora sendo preparados para eles. Nós estamos em 1887, e o século dezenove está perto da sua morte. O século vinte tem estranhos desenvolvimentos em reserva para a humanidade e pode até mesmo ser o último de seu nome.

III

Ninguém pode ser considerado um cristão a menos que professe crença em Jesus ou supostamente creia nele, pelo batismo, e na salvação "através do sangue de Cristo." Para ser considerado um bom cristão, tem-se que, como *condicio sino qua non*, demonstrar fé nos dogmas expostos pela Igreja e professá-los; depois do que a pessoa está livre para viver uma vida privada e pública sob princípios diametralmente opostos aqueles expressos no Sermão do Monte. O ponto principal e aquilo que se exige dele é que ele deveria ter – ou fingir ter– uma fé cega e veneração pelos ensinos eclesiásticos de sua Igreja em especial.

"Fé é a chave da cristandade", disse Chaucer, e a pena por não tê-la está estabelecida claramente nas palavras do Evangelho de São Marcos: "Aquele que crê e for batizado será salvo, mas aquele que não crê será condenado." (Mc 16:16).

Incomoda muito pouco à Igreja que a busca mais cuidadosa por essas palavras nos textos mais antigos durante os últimos séculos permaneça infrutífera; ou que a revisão recente da Bíblia levou à convicção unânime dos eruditos buscadores e amantes da verdade empenhados naquela tarefa de que nenhuma sentença anticristã foi encontrada, exceto em alguns dos textos mais recentes, fraudulentos. Os bons cristãos têm assimilado as palavras consoladoras, e elas têm se tornado o próprio âmago e a medula de suas almas caridosas. Afastar a esperança de danação eterna para todos os outros exceto para si mesmos desses vasos escolhidos do Deus de Israel era como tirar-lhes a própria vida. Os revisores amantes da verdade e tementes a Deus ficaram amedrontados; eles deixaram a passagem forjada (um interpolação de onze versículos, do nono ao vigésimo), e satisfizeram as suas consciências com uma nota de rodapé de caráter muito equívoco que enfeitaria o trabalho e honraria as faculdades diplomáticas dos mais astuciosos jesuítas. A nota diz ao "crente" que - "Os dois manuscritos gregos mais antigos e algumas outras fontes autorizadas omitem do versículo 9 até o fim. Algumas dessas fontes têm diferentes finais para o Evangelho"[45] – e não dão maiores explicações.

Mas os dois "manuscritos gregos mais antigos" omitem, *nolens volens* [querendo ou não – NT], os versículos como se eles nunca tivessem existido. E os eruditos revisores e amantes da verdade sabem disso melhor do que qualquer um de nós; porém, a falsidade perversa está impressa na principal sede da divindade protestante, e permite-se que continue a existir, brilhando nas faces das gerações futuras de estudantes de teologia e, desse modo, nos rostos de seus futuros paroquianos. Não podem nem são enganados essa falsidade, porém fingem acreditar na autenticidade das palavras crueis dignas de um Satã teológico. E este Satã-Moloque é o seu próprio Deus de infinita misericórdia e justiça que está no céu e que é o símbolo encarnado do amor e da caridade na Terra – fundidos em um só!

Verdadeiramente misteriosos são os vossos caminhos; oh, Igrejas de Cristo!

Não tenho intenção de repetir aqui argumentos obsoletos e exposições lógicas de todo o esquema teológico, pois tudo isso já foi feito, vez após vez, e das maneiras mais excelentes, pelos mais hábeis "infiéis" da Inglaterra e da América. Mas posso repetir brevemente uma profecia que é o resultado autoevidente do atual estado de espírito dos homens na cristandade. A crença literal na Bíblia e num Cristo encarnado não durará mais um quarto de século. As Igrejas terão de se des-

[45] Vide *The Gospel According to St.Mark* na edição revisada impressa para as universidades de Oxford e Cambridge, 1861.

pedir de seus queridos dogmas, ou o século XX testemunhará a queda e a ruína de toda a cristandade e com ela, a crença até no *Christos* como espírito puro. O próprio nome tornou-se agora obnóxio, e o cristianismo teológico deve perecer para nunca mais ressurgir em sua presente forma. Essa, em si mesma, seria a solução mais feliz de todas, se não houvesse o perigo da reação natural que certamente se seguirá: o materialismo crasso será a consequência e o resultado de séculos de fé cega, a menos que a perda dos velhos ideais seja compensada por outros ideais inatacáveis, visto que universais, edificados sobre a rocha de verdades eternas ao invés da areia movediça da fantasia humana. A imaterialidade pura deve substituir no final o terrível antropomorfismo desses ideais na concepção de nossos dogmatistas modernos. De outra maneira, por que deveriam os dogmas cristãos – a contraparte perfeita dos que pertencem a outras religiões pagãs e exotéricas – reivindicar qualquer superioridade? Os base contextuais de todos estes foram edificados sobre os mesmos símbolos astronômicos e fisiológicos (ou fálicos). Astrologicamente, todo dogma religioso em todo o mundo pode ser reconhecido e localizado nos signos do Zodíaco e no Sol. E, enquanto a ciência da simbologia comparativa ou qualquer teologia só tiver duas chaves para abrir os mistérios dos dogmas religiosos – e estas duas forem utilizadas apenas muito parcialmente - como pode ser traçada uma linha demarcatória ou como fazer alguma diferença entre as religiões de, digamos, *Chrishna* e Cristo, entre a salvação por meio do sangue do "primeiro homem nascido" de uma fé e a do "Filho unigênito" da outra religião, muito mais jovem?

Estudem os Vedas: leiam mesmo os escritos desfigurados e frequentemente superficiais de nossos grandes orientalistas e reflitam sobre aquilo que tiverem aprendido. Observem brâmanes, hierofantes egípcios e magos caldeus ensinando, muitos milhares de anos antes de nossa era, que os próprios deuses tinham sido apenas mortais (em nascimentos anteriores) até conquistarem a sua imortalidade ao ofertarem o seu sangue ao seu Deus ou líder supremo. O *Livro dos Mortos* ensina que o homem mortal "torna-se um com os deuses através de uma intercirculação de uma vida comum no sangue comum dos dois." Mortais deram o sangue de seus filhos primogênitos em sacrifício aos deuses. Em seu *Hinduism* [Hinduísmo], p. 36, o professor Monier Williams, traduzindo o *Taittiriya Brâhmana*, escreve: "Por meio do sacrifício os deuses obtiveram os céus." E no *Tandya Brâhmana*: "O senhor das criaturas (Prajâpati) ofereceu a si mesmo como um sacrifício aos deuses." e novamente no *Satapatha Brâhmana*: aquele que, sabendo disso, sacrifica com *Purusha-medha*, ou o sacrifício do filho primogênito, torna-se tudo."

Sempre que eu ouço os ritos védicos sendo discutidos e chamados de "sacrifícios humanos repugnantes", e canibalismo (sic), sempre me sinto inclinada a perguntar: onde está a diferença? Porém, há uma, de fato; pois enquanto os cristãos são compelidos a aceitar literalmente o drama alegórico (embora, quando entendido, altamente filosófico) da crucificação no Novo Testamento, bem como o de Abraão e Isaac,[46] o bramanismo – as suas escolas filosóficas pelo menos – ensina aos seus adeptos, que seu sacrifício (pagãos) dos "filhos primogênitos" é um símbolo puramente alegórico e filosófico. Lidos em seu sentido literal, os quatro evangelhos são simplesmente versões alteradas daquilo que a Igreja proclama como plágios satânicos (por antecipação) dos dogmas cristãos nas religiões pagãs. O materialismo tem o perfeito direito de achar em todas elas a mesma adoração sensual de mitos "solares" encontrados em qualquer lugar. Analisados e criticados superficialmente e sob o aspecto literal, o Professor Joy (*Man before Metals*, pp.189-190) encontrou na suástica, a cruz ansata ou a cruz pura simples, meros símbolos sexuais – estando ele justificado ao falar como fala, pois percebeu que

> o pai do fogo sagrado [na Índia] tinha o nome de Twashtri, que é o carpinteiro divino que fez a suástica e o *pramanthâ*, cuja fricção produziu o filho divino Agni (em Latim Ignis); que sua mãe era denominada Maya; ele mesmo denominado Akta (ungido, χριστός) após os sacerdotes terem derramado o soma destilado [alcoólico] sobre a sua ca-

[46] Vide *The Soldier's Daughter* (A Filha do Soldado), em seu número, pelo reverendo T. G. Headley, e perceba o protesto desesperado deste cristão verdadeiro contra a aceitação literal dos "sacrifícios de sangue", "expiação pelo sangue" etc., na Igreja da Inglaterra. A reação começa: outro sinal dos tempos. (50)

> beça e, sobre o seu corpo, manteiga purificada pelo sacrifício...,

Vendo tudo isso ele tem pleno direito de comentar que:

> ... a estreita semelhança que existe entre certas cerimônias de adoração a Agni e certos ritos da religião católica pode ser explicada por suas origens comuns, pelo menos até certo ponto. Agni na condição de *akta* (ungido) é sugestivo de Cristo; Maya, Maria, sua mãe; Twashtri, São José, o carpinteiro da Bíblia.

Terá o professor da Faculdade de Ciências de Toulouse explicado tudo ao chamar atenção para aquilo que qualquer um pode ver? Claro que não. Mas, em sua ignorância do sentido esotérico da alegoria, se ele não tiver acrescentado nada ao conhecimento humano, terá, por outro lado, destruído a fé de muitos de seus pupilos, na "origem divina" do cristianismo e de sua Igreja, bem como terá ajudado a aumentar o número de materialistas. Certamente, nenhum homem, uma vez que se dedique a tais estudos comparativos, pode considerar a religião do Ocidente, sob qualquer luz, a não ser como uma cópia pálida e enfraquecida de filosofias mais nobres e mais antigas.

A origem de todas as religiões – incluindo as judaico-cristãs – deve ser encontrada em algumas verdades primevas, nenhuma das quais pode ser explicada isoladamente, de vez que cada uma é complemento da restantes em um ou outro detalhe. E todas são, mais ou menos, raios que partem do mesmo sol da verdade, e o desta última, os maiores estudiosos podem ver apenas os esqueletos do que buscam cobertos por máscaras de fantasia e baseados em sua maior parte nos signos personificados do Zodíaco.

Uma espessa camada de alegoria e subterfúgios, os "ditos obscuros" de ficção e parábola recobrem, assim, os textos esotéricos originais dos quais o Novo Testamento – como agora é conhecido – foram compilados. De onde, então, os evangelhos, a vida de Jesus de Nazaré? Não tem sido repetidamente afirmado que nenhum cérebro humano mortal poderia ter inventado a vida do reformador judeu, seguida do terrível drama do calvário? Nós dizemos, sob a autoridade da escola esotérica oriental, que tudo isso provém dos gnósticos, no que diz respeito ao nome *Christos* e às alegorias astronômicas e místicas, e dos escritos do antigo *Tanaïm* no que se refere à conexão cabalística de Jesus ou Joshua com as personificações bíblicas. Uma dessas personificações é o nome místico e esotérico de Jehovah – não do atual Deus fantasioso dos judeus profanos que ignoram os seus próprios mistérios, o Deus aceito pelos ainda mais ignorantes cristãos – mas o Jehovah composto da iniciação pagã. Isso está demonstrado muito claramente pelo glifos ou combinações místicas de vários símbolos que sobreviveram até nossos dias nos hieróglifos católicos-romanos.

Os registros gnósticos continham o resumo das cenas principais representadas durante os mistérios da iniciação a partir da memória do homem; muito embora até mesmo isso fosse dado invariavelmente sob a roupagem da semialegoria, sempre que que isso fosse confiado ao pergaminho de papel. Mas os antigos tanaítas, os iniciados de quem foi obtida a sabedoria da cabala (tradição oral) pelos talmudistas, tinham a posse dos segredos da linguagem dos mistérios, e é nesta linguagem que os evangelhos foram escritos.[47] Somente aquele que dominou a criptografia esotérica da antiguidade – o significado secreto dos números, uma conhecimento comum, em certa época, a todas as nações – tem a prova completa da genialidade que foi demonstrada na fusão de alegorias e nomes puramente egipto-judaicos do Velho Testamento, e a dos gnósticos pagãos gregos, os místicos mais refinados daqueles dias. O próprio bispo Newton prova isso bem inocentemente ao mostrar que "São Barnabé, companheiro de São Paulo, em sua epístola (cap. 9) descobre... os nomes de Jesus crucificado no número 318", isto é, Barnabé encontra isto no grego místico I H T – sendo o tau o glifo da cruz. Sobre isto, um cabalista, o autor de um manuscrito não publicado intitulado a *Chave para a Formação da Linguagem dos Mistérios*, observa: (51)

Mas isto não é nada além de um jogo com as letras

[47] Assim, enquanto os três sinóticos exibem uma combinação das simbologias pagãs grega e judaica, o Apocalipse está escrito na linguagem dos mistérios dos tanaítas – a relíquia da sabedoria egípcia e caldaica – e o evangelho de São João é puramente gnóstico.

> hebraicas Iod, Cheth, e Shin, de onde provém o I H S como o monograma do Cristo até os nossos dias, e este é lido como: שחי ou 381, sendo 318 a soma da letra ou o número de Abraão e seu Satã, e de Josué e seu Amaleque. Verdade que é também o número de Jacó e de seu antagonista como poderia ser mostrado. Godfrey Higgins autoriza o número 608. É o número do nome de Melquisedeque, pois o valor deste último é 304, e Melquisedeque era o sacerdote do Deus Altíssimo, sem começo ou fim de dias.

O segredo e a solução de Melquisedeque são encontrados no fato de que:

> Tem sido dito que, nos panteões antigos, os dois planetas que sempre existiram desde a eternidade (eternidade eônica), e eram eternos, foram o Sol e a Lua, ou Osíris e Isis, daí este termo "de dias sem começo nem fim." 304 multiplicado por dois é 608. Assim, os números estão também na palavra *seth*, que era um tipo do ano. Fortes razões autorizam que o número 888 seja aplicado ao nome de Jesus Cristo e, como se diz, está em antagonismo com o número do anticristo, 666, ... O valor estável no nome Joshua era o número 365, a indicação do ano solar, enquanto Jehovah se deleitava em ser a indicação do ano lunar – e Jesus Cristo era tanto Joshua quanto Jehovah no panteão cristão...

Isso é apenas uma ilustração do nossa opinião para provar que a aplicação cristã do nome composto de Jesus-Cristo está toda baseada no misticismo gnóstico e oriental. Era apenas correto e natural que os cronistas comprometidos por voto de sigilo, como os iniciados gnósticos, devessem velar e encobrir o sentido final dos seus ensinamentos mais antigos e sagrados. O direito dos pais da igreja de encobrir tudo com um epítema de fantasias alegorizadas é bastante mais dubio.[48] O escriba e cronista gnóstico não enganou ninguém. Todo iniciado na gnose arcaica – quer do período pré ou pós-cristão – sabia bem o valor de cada palavra da "linguagem dos mistérios". Pois esses gnósticos – os inspiradores do cristianismo primitivo – eram

[48] A alegação do cristianismo de possuir autoridade divina ampara-se na cren-

"os mais eruditos", os mais cultos e mais dignos de serem chamados de cristãos," como afirma Gibbon. (52) Nem eles nem seus humildes seguidores corriam o risco de aceitar a literalidade de seus próprios textos. Mas, não era acontecia mesma coisa com as vítimas dos fabricantes do que hoje é chamado cristianismo ortodoxo e histórico. Todos os seus sucessores incorreram nos mesmos erros dos "gálatas tolos" reprovados por Paulo, que lhes diz (Gálatas 3:1-5) que tendo começado (por crer) no espírito (do *Christos*), "terminaram por crer na carne", – i.e., um Cristo corpóreo. Pois tal é verdadeiro significado da sentença grega "ἐναρξάμενοι πνεύματι νῦν σαρκὶ ἐπιτελεῖσθε".[49] (53) Que Paulo era um gnóstico, um fundador de uma nova seita da gnose que reconhecia, como faziam todas as outras seitas gnósticas, um "Christos-espírito", embora isso fosse de encontro aos seus opositores, as seitas rivais, está suficientemente claro para todos, menos para os dogmáticos e teólogos. Nem está menos claro que os ensinamentos primitivos de Jesus, não importa quando ele tenha vivido, só poderiam ser descobertos nos ensinos gnósticos; contra essas descobertas, os falsários que acabaram por transformar o espírito em matéria, degradando dessa forma a nobre filosofia da religião-sabedoria primeva, tomaram amplas precauções desde o começo. Apenas os trabalhos de Basílides ("o filósofo devotado à contemplação das coisas divinas", como o descreve Clemente) – os 24 volumes de suas *Interpretations upon the Gospels* (interpretações dos Evangelhos) – foram todos queimados por ordem da Igreja, conta-nos Eusébio (*Hist. Eccles.*, Book IV, Chap. 7). (54)

Como essas interpretações foram escritas num tempo em que os evangelhos que temos agora ainda não existiam,[50] eis

ça inculta de que o Cristo místico poderia e realmente se tornou uma pessoa, enquanto a *gnose* prova que o Cristo corpóreo é apenas uma falsa representação do homem transcorpóreo; consequentemente, o retrato histórico é, e tem que ser, um modo fatal de falsear e desacreditar a realidade espiritual. (G. Massey, *Gnostic and History Christianity*).

[49] Esta sentença analisada significa "Ó vós que, tendo começado pelo Cristo-espírito, acabais agora crendo em um Cristo de carne", ou nada significa. O verbo ἐπιτελουμαι não tem o significado de "tornar-se perfeito", mas de "terminar por", tornar-se isso. A luta de toda vida de Paulo contra Pedro e outros, e o que ele mesmo conta de sua visão de um Cristo espiritual, e não de Jesus de Nazaré, como em está em Atos – são provas suficientes disso.

[50] Ver "Supernatural Religion, Vol. II, chap. "Basilides". (55)

uma boa prova de que o evangelho, as doutrinas que foram entregues a Basílides pelo Apóstolo Mateus e por Gláucias, o discípulo de Pedro (Clemente de Alexandria, *Strom.*, VII, cap. XVII) , (56) deviam diferir amplamente do atual Novo Testamento. Nem podem estas doutrinas serem julgadas pelos relatos distorcidos e legados à posteridade por Tertuliano. Porém, mesmo o pouco que dá este fanático partidário oferece mostra que as principais doutrinas gnósticas eram idênticas, sob suas próprias terminologias peculiares e personificações, àquelas da Doutrina Secreta do mundo oriental. Pois,

> ... Discutindo Basílides, o "piedoso, divino, filósofo teosófico", como pensava dele Clemente de Alexandria, Tertuliano explica: "Depois disto, Basílides, o herege, estava à solta.[51] Ele asseverou que há um Deus supremo, de nome Abraxas, por quem a mente (*mahat*) foi criada, e a ela os gregos chamavam de *Nous*. Dela emanou a Palavra; da Palavra, Providencia, da Providencia, Virtude e Sabedoria; desses dois novamente, Virtudes, Principados,[52] Poderes foram criados; deles, infinitas produções e emissões de anjos. Entre os anjos mais inferiores, de fato, e os que criaram este mundo, ele coloca, por último, o deus dos judeus, a quem ele nega ser o próprio Deus, afirmando que ele é apenas um dos seus anjos."[53] (*Isis Sem Véu*, Vol. II, p.189)

Outra prova de que a alegação de que o Evangelho de Mateus nos textos gregos usuais não é o evangelho original escrito em hebraico é dada por ninguém menos do que São

---

[51] Indaga-se em Isis Sem Véu: "não foram também as opiniões do bispo frígio Montano chamadas de heresia pela Igreja de Roma? É bastante extraordinário ver quão facilmente aquela Igreja encoraja o abuso de um herege contra outro herege, Basílides, quando o abuso vem a ser a favor de seus próprios objetivos." [*Isis Sem Véu*, II, 189, nota de rodapé, Ed. Inglesa].

[52] Não fala Paulo, ele mesmo, de "Principados e Poderes em lugares celestiais" (Efésios 3:10; 1:21) e confessa que existem muitos deuses e muitos senhores (*kuroi*)? E anjos, poderes (dunameis), e Principados? (Ver I Cor 7:5; e Epístola aos Romanos 7:38). [*Isis Sem Véu*, II, p.189, nota de rodapé, ed. inglesa].

[53] Tertuliano, *Liber de praescriptione haereticorum*. (57) É devido inegavelmente apenas a um argumento notavelmente casuístico, como um passe de mágica, que Jehovah, que na cabala é simplesmente uma *sephiroth*, a terceira, [um] poder do lado esquerdo entre as emanações (*Binah*), foi elevado à dignidade do Deus Uno Absoluto. Mesmo na Bíblia ele é nada mais do que um dos Elohim (Ver Gênesis 3:22, "O Senhor Deus" não fazendo nenhuma diferença entre si mesmo e os outros).

Jerônimo (ou Hieronymus). A suspeita de um evemerismo consciente e gradual do princípio crístico desde o começo, transforma-se em convicção, uma vez que nos tornemos familiarizados com certa confissão contida no Livro II do *Comentário a Meteus* de Hieronymus. Pois nele encontramos provas de uma substituição deliberada de todo o evangelho, aquele que agora está no cânone tendo sido evidentemente reescrito por este ultrazeloso Pai da Igreja.[54] Ele diz ter sido enviado para Ceraréia, perto do final do quarto século, por "vossas eminências" os bispos Cromácio e Heliodoro, com a missão de comparar o texto grego (o único que eles tinham) com a versão original em hebraico preservada pelos Nazarenos em sua biblioteca, a fim de traduzi-la. Ele a traduziu, mas sob protesto; pois como diz, o evangelho "exibiu matéria não para a edificação, mas para a destruição".[55] A "destruição" de quê? Evidentemente do dogma segundo o qual Jesus de Nazaré e o *Christos* são um; consequentemente para a "destruição" da recém-planejada nova religião.[56] Nesta mesma carta o Santo (que aconselhou os seus convertidos a matarem os seus pais, pisar o seio que os amamentou, passando por cima dos corpos de suas mães se eles se colocassem como obstáculo entre seus filhos e Cristo) – admite que Mateus não queria que seu evangelho fosse escrito abertamente, já que o manuscrito era secreto. Mas, no tempo em que admite que este evangelho "foi escrito em caracteres hebraicos e pela própria mão" (de Mateus), ele contradiz-se, em outro lugar, ao assegurar à posteridade que o evangelho foi adulterado e rescrito por um discípulo de Maniqueu de nome Seleuco... "os ouvidos da Igreja apropriadamente se recusaram a escuta-lo". (60)

Não é de admirar que o próprio significado dos termos

[54] Isso é história. Pela leitura de *Supernatural Religion*, que já teve vinte duas edições, se eu não me engano, pode-se inferir até que ponto foram reescritos e adulterados os fragmentos gnósticos primitivos que hoje se tornaram o Novo Testamento. A quantidade de fontes autorizadas citadas pelo autor é surpreendente. Só a lista de críticos da Bíblia ingleses e alemã parece infindável. (58).

[55] Os detalhes principais estão em *Isis Sem Véu*, Vol. II, pp. 180-83, et. seq. [ed. inglesa]. Verdadeiramente a fé na infalibilidade da Igreja tem que ser completamente cega – ou ela não poderia ter escapado de ser morta e – morrer.

[56] Ver Hieronymus, *De viris inlustribus liber*, cap. 3; *H. Olshausen, Nachwels der Echtheit der sämmtlichen Schriften des Neuen Testaments*, p. 35. (59) O texto grego do Evangelho de Mateus é o único alguma vez usado e possuído pela Igreja.

Chrêstos e *Christos* (e que ambos sejam atribuídos a "Jesus de Nazaré", um nome cunhado a partir de Joshua, o Nazar) tenha agora se tornado letra morta para todos, à exceção dos ocultistas não cristãos. Pois até mesmo os cabalistas não têm nenhum documento original sobre o qual se apoiar. O Zohar e a cabala foram remodelados por mãos cristãs de modo a torná-los irreconhecíveis; e não fosse por uma cópia do Livro dos Números caldeu não restariam senão relatos distorcidos. Não deixemos que nossos irmãos, os chamados cabalistas cristãos da Inglaterra e da França, muitos dos quais teósofos, protestem com muita veemência; pois isso é história (ver Munk). É tão absurdo sustentar, como ainda fazem alguns orientalistas alemães e críticos modernos, que a cabala nunca existiu antes do judeu espanhol Moisés de León, acusado de ter forjado esta falsificação no século XIII, quanto alegar que quaisquer dos trabalhos cabalísticos agora em nossa posse sejam tão originais quanto eram quando o Rabi Shimon Ben Yochai entregou a "tradição" ao seu filho e seus seguidores. Nenhum desses livros está imaculado, nenhum escapou de mutilação por mãos cristãs. Munk, um dos mais hábeis e eruditos críticos da atualidade sobre esse assunto, prova-o, ao tempo em que protesta, como também fazemos, contra a hipótese de que é uma falsificação pós-cristã, pois ele diz:

> Parece-nos evidente ... que o compilador fez uso de documentos antigos e, entre estes, de certos *Midraschîm*, ou coleções de tradições e exposições bíblicas que hoje não mais dispomos. (61)

Depois disso, citando de Tholuck (I.c., PP. 24 e 31) (62) ele acrescenta:

> Hây Gaôn, que morreu em 1038, é, segundo nosso conhecimento, o primeiro autor que desenvolveu a teoria das sephiroth e lhes deu os nomes que encontramos novamente entre os cabalistas (cf. Jellinek, Moisés Ben Schem-tob de León, etc., p. 13, nota 5); (63) este doutor, que tinha frequentes contatos com sábios cristãos sírios e caldeus, foi habilitado por estes últimos a adquirir algum conhecimento de alguns escritos gnósticos.

Munk prova muito bem que "escritos gnósticos" e doutrinas esotéricas passaram a fazer parte das obras cabalísticas com muitas mais interpolações modernas do que aquelas que agora encontramos no Zohar. A cabala hoje é cristã e não judaica.

Assim, de vez que diversas gerações dos mais ativos Pais da Igreja estavam sempre trabalhando na destruição de antigos documentos e na preparação de novas passagens a serem interpoladas naquelas que por ventura sobrevivessem, restam dos gnósticos – os legítimos descendentes da religião-sabedoria arcaica – nada além de uns poucos fragmentos. Porém, uma partícula de ouro genuíno há de brilhar para sempre. E por mais deturpados que estejam os documentos deixados por Tertuliano e Epifânio das doutrinas dos "hereges", ainda assim um ocultista pode encontrar neles traços daquelas verdades primevas que eram universalmente comunicadas durante os mistérios da iniciação. Entre outros trabalhos com as mais sugestivas alegorias, nós temos ainda os chamados *Evangelhos Apócrifos* e, dentre eles, o último descoberto como a mais preciosa relíquia da literatura gnóstica, um fragmento chamado Pistis-Sophia, "Conhecimento-Sabedoria". (64)

Em meu próximo artigo sobre o caráter esotérico dos evangelhos, eu espero poder demonstrar que aqueles que traduzem "Pistis" por "Fé" estão completamente enganados. A palavra "fé" como graça ou alguma coisa em que se acredite mediante crença cega ou irracional é uma palavra que data apenas da era cristã. Paulo jamais usou o termo neste sentido em suas epístolas, e Paulo era inegavelmente – um iniciado.

(Continua)[57]

Notas do Compilador

[Estas notas correspondem aos números em negrito e entre colchetes espalhados pelo texto de O Caráter Esotérico dos Evangelhos]

(1) Refere-se ao Editorial de H.P.B. em Lúcifer, Vol. I, outubro de 1887, pp. 83-89, que foi publicado em sequência cronológica na presente série de volumes.

(2) Refere-se a *Anacalypsis,* de G. Higgins, I, 568, onde ele

[57] Até onde fomos capazes de nos assegurar, este ensaio nunca foi completado. [O Compilador].

cita o Rev. Robert Taylor (1784-1844). O título completo do trabalho de Taylor é: *Syntagma of the evidences of the Christian religion.* Sendo a reivindicação do Manifesto da evidência da sociedade cristã, contra os ataques da sociedade de instrução cristã, através de seu representante, J. P. S., comumente reportado como sendo Dr. John Pye Smith ... Londres: impresso para o autor, 1828. Reimpresso por W. Dugdate [sem data]. É um livro pequeno de umas 128 páginas. A passagem completa, como citada por Higgins, é:

> O epíteto contemporâneo *chrêst* (do qual por meio daquilo que se chama *loticism*, ou a troca do "e" longo por "i", um termo de respeito se torna um termo de adoração) significava nada mais do que um homem bom. Clemente de Alexandria, no segundo século, encontrou um argumento sério nessa paronomásia, que (Lib. III, Cap. XVII, p.53, et circa – Psal. 55, D) todos os que acreditavam em *Chrêst* (i. e., num bom homem) eram chamados *chrêstians*, isto é, homens bons" (*Stromata*, Lib.II.) A palavra *christian* ocorre três vezes no Novo Testamento, a saber, em Atos 11:26; 26:28 e I Pedro 4:16. Sua grafia difere, contudo nos três manuscritos mais antigos conhecidos, como aparece na seguinte tabela:

	"Received text" (*modern*)	Codex Alexandrinus	Codex Vaticanus	Codex Sinaiticus
Acts, xi, 26	χριστιανούς	χριστιανους	χρειστιανους	χρηστιανους (*corrected text*)
Acts, xxvi, 28	χριστιανὸν	χριστιανον	χρειστιανον	χρηστιανον
I Peter, iv, 16	χριστιανὸς	χριστιανος	χρειστιανος	χρηστιανος

(3) Em *The First Apology of Justin Matyr,* de John Kaye (Edinburg: John Grant, 1912), a tradução dessa passagem segue assim: "... e na medida em que o nosso nome, o que equivale a um crime contra um cristão, se formos julgados por esse artigo, nós certamente teremos de ser inocentados como homens muito bons."

Godfrey Higgins, em seu Anacalypsis, I, 569, escreve sobre isso:

Sobre esta passagem Thirlby tem a seguinte nota: χρηστοτατοι, *allusio est ad vulgatam eo tempore consuetudinem, quâ Christus ignorata nominis ratione nominabitur Chrestus (Sylburgius)*. Aqui está outra prova decisiva de que no tempo de Justino, o Mártir, os *christians* eram comumente chamados de *chrêstians*. Nesta passagem Justino chama os cristãos de χριστιανοι, e ele acrescenta, το δε χρηστον μισεισθα υ δικαιον – "Odiar aquilo que é bom, *chreston*, não é justo". Sobre isso, em uma nota, Thirlby diz (χριστιανοι) χρηστιανοι *legendum haud immerito conjectavit Sylburgius, ex mente scilicet seu potius voce adversariorum (Grabe)*. E é certo que Sylburgius conjecturou muito verdadeiramente. Pois não se pode duvidar que o χριστιανοι de Justino seja uma corruptela, uma corruptela bem absurda. Se ele corrompeu em um lugar, pode ter corrompido em outros.

4) As três partes deste ensaio sobre *O Caráter Esotérico dos Evangelhos* foram publicadas em Lúcifer, e a serie ficou por ser terminada. Contudo, o assunto do significado esotérico do relato do Evangelho, o significado oculto do seu simbolismo, e a historicidade de Jesus, foi discutido por H.P.B em diversos outros ensaios importantes, em artigos e notas de rodapé anexadas a contribuições de outros escritores. Atenção especial deve ser feita a sua longa controvérsia com o Abade Roca publicada nas páginas de *Le Lotus* (Vol. II, dezembro, 1887, abril e junho, 1888); seu poderoso artigo em *The Origin of the Gospels and the Bishop of Bombay* (A Origem dos Evangelhos e o Bispo de Bombaim), que apareceu no The Theosophist (Vol. IV, outubro, 1882, pp. 6-9); seu artigo intitulado *A Word with the Theosophists* (Uma Palavra com os Teósofos) (ibid., Vol. IV, Março, 1883, pp. 143-45), suas valiosas notas editoriais a um artigo sobre *The Cruxifixion of Man* (A Crucificação do Homem), publicado em Lucifer (Vol. II, maio, 1888, pp.243-50), incorporando uma análise do *Grito na Cruz*; seus outros textos sobre assuntos semelhantes pelos volumes de A Doutrina Secreta e de *Isis Sem Véu;* e as diversas seções devotadas quase exclusivamente as estes temas no volume inti-

tulado *A Doutrina Secreta, Vol. III* que foi publicado em 1897.

5) Isso tem relação com a carta muito apropriada de Gerald Massey (Lucifer, Vol. I, Nº 2, outubro, 1887, pp. 135-138), na qual ele responde a uma objeção do Dr. G. Wyld que está surpreso em ouvir alguém dizer que os ensino atribuídos a Jesus são contraditórios. O Sr. Massey destaca uma grande quantidade de contradições diretas e implícitas no texto dos evangelhos aceitos, tais como João 10:30 e João 14:28 também (Mat 24:36), João 5:30 e João 8:15, bem como João 12:47; João 7:14,18 e João 5:31, João 5:33 e João 15:27; Mat 5:16 e Mat 6:1, Mat 5:39, bem como Mat 26:52, contradito por Lucas 22:36 e Mat 10:34, Lucas 12:4 e João 7:1.

O Sr. Massey expressa sua disposição "para se encontrar com qualquer defensor da fé bem informado na tribuna ou na imprensa." Ele diz:

> Eu preferiria que fosse um bispo, que também fosse egiptólogo. Mas pedintes não têm escolha. Eu estou preparado a qualquer hora para demonstrar a origem inteiramente mítica e mitológica do Cristo e o começo não espiritual e não histórico do vasto complexo chamado cristianismo.

Isto foi suplementado por duas notas editoriais separadas, presumidamente de H.P.B. A primeira declara:

> Qualquer bispo egiptólogo ou até assiriólogo, dos quais ouvimos falar que não há poucos aqui na Inglaterra, está cordialmente convidado a defender sua posição nas páginas de Lúcifer. O 'Filho da Manhã' é o Portador de Luz, dá boas-vindas à luz vinda de qualquer canto do globo.

A segunda Nota declara:

> Como Lúcifer não pode concordar com a visão exclusivamente exotérica assumida pelo Sr. Massey dessa escritura alegórica, embora não menos filosófica, o próximo número conterá um artigo que tratará do significado esotérico do Novo Testamento.

6) Este manuscrito cabalístico pode ser encontrado nos arquivos de Adyar. É aparentemente uma continuação, a sa-

ber, a Parte III, de um trabalho conhecido como *The Key to the Hebrew-Egyptian Mystery in the Source of Measures*, de J. Ralston Skinner, que foi originalmente publicado em Cincinatti em 1875. Neste manuscrito, depois do tópico "Seção – I – Introdução, fornecendo a chave da formação de uma língua antiga," a sentença de abertura segue assim:

> Depois de acumular muito material para este propósito, parte do qual compondo o sistema de medidas apresentado nas Partes I e II deste trabalho, em relação também a esta Parte III, o escritor está bastante seguro de que havia uma língua antiga que parece ter desaparecido desde o início dos tempos modernos...

H.P.B fez citações a partir deste manuscrito em *A Doutrina Secreta* (Vol. I, pp. 308-309, ed. inglesa) e em outros escritos, com considerável comprovação.

Perto do final do manuscrito o autor escreveu:

> eu encerro esta seção do meu trabalho na segunda-feira, 18 de fevereiro, 1884, no final das enchentes do Ohio a 12 M. Eu, Ralston Skinner, jan., 10, 1887, enviarei este manuscrito original a Madame Blavatsky, Ostend.

Como pareceria a partir do pequeno livro do Dr. Jirah Dewey intitulado *Modern World Movements* (Indo-American Book Co., Chicago, 1913, pp. 39-41), o Dr. Buck enviou este manuscrito a H.P.B, e ela lhe escreveu dizendo que havia Sete Chaves para a Kabalah, das quais Skinner descobrira "duas e meia".

O MSS está encadernado em um tecido espesso, com uma capa de couro trabalhado, sem título ou nome de autor. Na capa da frente, em letras douradas, está o nome de H. P. Blavatsky e, abaixo dele em letras maiúsculas um P.S., cujo significado é incerto. Na parte de dentro, na contracapa, H.P.B escreveu seu nome: "H.P. Blavatsky, Ostende, 1887," e na mesma página encontra-se um carimbo: "H.P.B. 17 Landsdowne Rd., London W."

O corpo do livro consiste de 358 páginas, de cerca de 5¾ X 9½, escrito em lado apenas em papel desbotado, cerca de dez palavras para cada linha e de 23 a 24 linhas por uma página, mas com numerosos espaços entre as linhas e certa quantidade de arranjos de números e de diagramas.

Ainda restam no livro mais de uma dúzia de tiras de papel, algumas das quais pedaços de rascunhos com a caligrafia de H.P.B., para marcar certas páginas. Ela também escreveu em algumas páginas em branco opostas ao texto, e corrigiu ocasionalmente o texto ou inseriu nele palavras, frases ou sentenças entre as linhas.

O livro tem duas seções, a primeira de 53 páginas sendo uma introdução. A segunda seção é composta de 18 seções menores, começando com o valor numérico de diversas letras hebraicas e relacionando-as ao ano lunar, ao homem, Jehovah, etc., "O Pacto de Jehovah", "A Razão de Parker para a polegada inglesa", "As Medidas da Grande Pirâmide" etc. À parte algumas breves passagens usadas por H.P.B em seus escritos, o texto deste manuscrito ainda não foi publicado.

O Dr. Buck, no trabalho mencionado acima, fala também de uma longa carta com quarenta páginas que H.P.B. escreveu para Skinner em resposta às suas muitas perguntas concernentes à cabala e à matemática oculta. Não se sabe o que foi feito desta carta, embora ela possa ainda existir entre os papéis de Skinner, se eles tiverem sido preservados. Ele estava ligado à Loja Maçônica McMillan N° 141, nos E.U.A.

7) Em vez de fazer assim, H.P.B. aparentemente incorporou o que ela pretendia dizer no texto de *A Doutrina Secreta*, onde este assunto é tratado extensamente no Vol. I, pp. 313 et seq. (ed. inglesa).

8) Esta citação é da tradução inglesa por Mary Lockwood do trabalho original francês de François Lenormant intitulado: *Les origines de l'histoire d'près la Bible et les cutraditions des peuples orientaux*, 2 vols. Paris, 1880-84, 8vo.

9) Esta e outras palestras de Gerald Massey foram encadernadas juntas em um volume disponível no Museu Britânico[58] (Press Mark 4018.i.12, 1-9). As palavras entre colchetes, e em itálico em várias partes desta citação são da própria H.P.B.

As palestras de Massey foram impressas por sua iniciativa

[58] Hoje em dia, provavelmente, Biblioteca Britânica. [N.T]

particular, e a maioria delas apresentam este rótulo: Villa Bordighiera, New Southgate, London, N.; elas são muito difíceis de obter nas suas edições originais, como panfletos separados. Vide Bio-Biobliogr., Index. s.v. Massey, para um relato abrangente de sua vida e uma lista dos seus trabalhos e palestras.

10) A literatura clementina ou pseudocementina é o nome geralmente dado a certos escritos que em uma época ou outra têm sido atribuídos ao Papa Clemente I (88-97 d.C.), também conhecido como Clemente Romano, e que se supõe ter sido o primeiro dos padres apostólicos. Ele é considerado discípulo de São Pedro. Essa autoria é bastante questionada.

Destacam-se dentre esses escritos: 1. A famosa *Epístola de São Clemente aos Coríntios*; 2. Duas *Epístolas sobre Virgindade*; 3. As *Homilias e os Reconhecimentos*, que poderiam ser classificadas como a *Epístola de São Clemente a Tiago*; 4. As *Constituições Apostólicas*; 5. Cinco Epístolas formando parte dos *Decretos* forjados.

A literatura clementina lança luz sobre uma fase muito obscura do desenvolvimento cristão, o judaico-cristianismo. Proeminência especial foi dada às *Homilias* e os *Reconhecimentos* pela Escola de Tübingen, que os considerou de importância primária para a história do primeiro estágio do cristianismo. O original grego dessas duas escrituras foi perdido, mas, por conjectura, eles podem ser datados como sendo do começo do terceiro século. Nós temos apenas uma tradução para o latim de Rufino de Aquiléia (b. ca. 345 A.D. – d. 410 A.D.), um personagem muito pouco confiável no que se refere à erudição. Admite-se geralmente que esses trabalhos tenham emanado da facção ebionita da igreja primitiva, que fora uma vez a forma mais pura de cristianismo primitivo. Eles são muito provavelmente baseados nos escritos pedrinos mais antigos, tais como os *Sermões de Pedro* (Κήρυγμα Πέτρου) e as *Viagens de Pedro* (Περίοδοι Πέτρου). O caráter judaísta e ebionita dos originais perdidos pode ser inferido das versões ortodoxas existentes do 3° e 4° séculos.

As *Homilias* parecem conter cartas de Pedro e Clemente para Tiago de Jerusalém e uns vinte sermões pregados por Pedro enquanto Clemente estava viajando com ele. Os *Reco-*

nhecimentos usam material semelhante em outras circunstâncias. Eles contêm discussões entre Pedro e Simão o Mago – que pode ter sido o próprio Paulo – relativas à identidade das verdadeiras religiões mosaica e cristã. Eles mostram um ânimo muito decidido contra Paulo, que é denunciado como um impostor.

11) Esta Palestra de Gerald Massey também está contida no volume encadernado de palestras mencionado na Nota nº 9.

12) Os versos 900-902 da Chöephoroe de Ésquilo (χοηφόροι), ou "Os Portadores de Libação":

ποῦ δὴ τὰ λοιπὰ Λοξίου μαντεύματα
τὰ πυθόχρηστα, πιστὰ δ' εὐορκώματα;
ἅπαντας ἐχθροὺς τῶν θεῶν ἡγοῦ πλέον.

O que será então daqui em diante dos *Oráculos de Loxia*, declarados em Pytho, e do nosso pacto prometido em juramento? Contai todos os homens vossos inimigos em vez dos deuses.

13) Os versos 1217-1219 do Ion (Jon) de Eurípides (Ἴων):

θεῖ δ' εὐθὺς ἔξω συλλαβὼν θοινάτορας
ὁ πυθόχρηστος Λοξίου νεανίας,
κἀν κοιράνοισι Πυθικοῖς σταθεὶς λέγει.

Direto dos temores com toda companhia
Corria o Príncipe Apolo, e depôs sua carga
Perante o trono sagrado do Phytos assim:"

(The Ion of Euripides, com uma tradução para o inglês em versos e uma introdução com notas por A. W. Varell. Cambridge University Press, 1890.)

14) Esta referência pode ser um erro tipográfico. Há algumas passagens em a *História de Heródoto* onde esta palavra ocorre, uma delas sendo em VII, 17, onde nós encontramos χρεὸν γενέσθαι, no sentido de "aquilo que tem de suceder ou acontecer"; χρέωσα, o particípio feminino de χράω, "declarar, entregar um oráculo, dar uma resposta oracular," é encontra-

do em VII, 111; a forma masculina deste seria χρέων. Não está muito claro que passagem específica foi referida por H.P.B.

15. As palavras propriamente ditas no Philoctêtês de Sófocles (φιλοκτητης), 437, são: ἀλλὰ τοὺς χρηστοὺς ἀεί, e a tradução a partir a versão inglesa (por F. Storr, Loeb Classical Library) é:

Os mortos apreciam o descanso, pois isso de fato é verdade:
A guerra jamais ceifa um homem mal por escolha,
Mas sim os bons.

16) Harold North Fowler (Loeb Class. Lib.) traduz desta forma a passagem onde ocorrem estas palavras: "Você me lisonjeia ao pensar que eu sou capaz de discernir os seus motivos tão acuradamente."

17) Estas duas passagens foram retiradas do artigo de Gerald Massey intitulado *The Name and Nature of the Christ* publicado no *Anuário Gnóstico* de 1888, uma edição que se tornou muito rara e que só pode ser consultada na Biblioteca Central de Manchester, Inglaterra.

18) O Verso 1320 do Ion (ou Jon) de Eurípides contém uma exclamação da pitonisa:

ἀλλὰ τοὺς χρηστοὺς ἀεί

'Επίσχες ὦ παῖ τρίποδα γὰρ χρηστήριον normalmente traduzida como: "Pausa, oh filho meu! Do assento profético de Yon...."

19) Esta frase é provavelmente um erro de impressão. É impossível se dizer qual é o trabalho de Ésquilo mencionado aqui. De acordo com o *Léxico* de L. Dindorf, só há um exemplo onde Ésquilo usou a palavra χρηστά, a saber, no *Persae*, linha 228, (224 em Dindorf), onde o significado "próspero" está ligado a ela.

20) O texto grego original dos versos 5 e 6 (ou 10 de acordo com outra numeração), na Parte IV, da *Ode de* Píndaro *a Pythia* segue assim:

οὐκ ἀποδάμου 'Απόλλωνος τυχόντος. ἱρέα
χρῆσεν οἰκιστῆρα Βάττον καρποφόρου Λιβύας. ἱερὰν

Normalmente traduzida no sentido de que a sacerdotisa de Zeus, "na presença de Apolo, declarou Battos, o colonizador da frutífera Líbia ..."

21) A Passagem na *Ilíada*, XXIII, 186 é:

... ῥοδόεντι δὲ χρῖεν ἐλαίῳ ἀμβροσίῳ ...

... e com óleo ela o ungiu, doces rosas, ambrosia...

As palavras referidas na Odisseia, IV, 252, são:

... και χρῖον ἐλαίῳ

... o ungiu com óleo...

A mesma ideia pode ser encontrada na Odisseia, IV, 49, onde a estrutura verbal χρῖσαν ocorre.

22) De *The Name and Nature of the Christ*, de G. Massey, no *Anuário Gnóstico* de 1888, p. 11.

23) Por uma razão ou outra, possivelmente devido à interpretação dogmática dos textos mais antigos, a distinção apontada por H.P.B., está parcialmente perdida nas edições correntes. Por consultar *Migne, Patrol. Curs. Comp. Series Graeca*, Vol. VIII, 1891, onde aparecem ambos os textos grego e latino em colunas paralelas, e a tradução inglesa em *The Ante-Nicean Fathers* (New York: Scribner's Sons, 1913), nós encontramos o seguinte:

Jam qui in Christum [in Greek text] crediderunt, chresti [in Greek text], id est, probi, et sunt, et dicuntur: sicut ii, qui sunt revera regales, regi curae sunt.

"Agora aqueles que acreditaram em Cristo são ambos chamados *Chrêstoi* (bons), assim como são reais aqueles que são governados por um rei."

24) As passagens do *Talmude* de que são feitas alusões podem ser encontradas nos tratados chamados *Sotah* (Cap. IX, 47 a) e *Sanhedrin* (Cap. XI, 107 b). A completa evidencia existente sobre esse assunto controvertido foi completamente discutida por G. R. S. Mead em seu precioso livro, *Did Jesus Live in 100 B.C?* (Jesus Viveu em 100 a.C?) (London and Benares: Theos. Publ. Society, 1903).

Éliphas Lévi, escrevendo em *La Science des Esprit* (ed. de 1909, Paris, Félix Alcan, p.37), fala de um livro que ele chama de *Debate do Rabino Jechiel*. Este é o *Disputacio R. Jechielis cum quodam Nicolao*, que é o segundo volume de um trabalho de Johann Christoph Wagenseil (1633-1708) intitulado *Tela ignea Satanae* (Altdorfi Noricorum, 1681. 4to.). É um trabalho muito raro que pode ser consultado no Museu Britânico.

O mesmo trabalho contém também o texto hebraico do *Sepher Toldoth Jeshu* (Ver a Bibliografia de Trabalhos Orientais para mais informações).

Jehiel Ben Joseph, de Paris, *tosafist* [rabinos medievais da França e da Alemanha – NT] e polemista, nasceu em Meaux por volta do final do século doze. Seu nome francês era Sir Vives. Na literatura rabínica ele é designado de várias formas como Jehiel de Paris, Jehiel o Santo, Jehiel o Pio, e Jehiel o Ancião. Ele foi um dos mais destacados discípulos de Judah Sir Leon, a quem ele sucedeu em 1224 como chefe da Escola Talmúdica de Paris. Esta escola foi frequentada por 300 discípulos sob sua supervisão, entre os quais estavam os famosos rabinos do século treze. Jehiel era tido em alta conta até mesmo por não judeus, e era recebido favoravelmente na corte. Ele foi obrigado a travar muitos debates com cristãos, o principal debate sendo aquele em que ele teve de manter, junto com diversos outros rabinos, de 25 a 27 de junho de 1240, na presença de São Luís e da corte, contra o judeu apóstata Nicholas Donin. O último denunciava o Talmude por conter blasfêmias contra o cristianismo. Apesar da grande coragem e dignidade de Jehiel, este debate resultou na condenação do Talmude, depois da qual a situação dos judeus na França se agravou, e Jehiel foi forçado a partir para a Palestina com seu filho, onde morreu em 1286. Ele foi autor de muitos *tosafots*[59] e vários tratados talmúdicos. A passagem contida no *Gentes, Arnobius Adventus*, p. 43, apresenta-se como segue:

> Meus oponentes talvez me recebam com muitas outras acusações caluniosas e infantis como são frequentemente apresentadas. Que Jesus era um mago; que ele realizou todas essas coisas por artes secretas. Que ele roubou os nomes dos anjos de poder dos santuários egípcios e o sistema religiosos de um país remoto..." (Ver *The Ante-Nicene Fathers*, Vol. VI, p. 425).

25) Falando a respeito do célebre acróstico que incorpora a pronunciação da *sibila da Eritréia*, Geofrey Higgins escreve como segue (*Anacalypsis*, I, 568):

[59] Espécie de comentários ou glosas (perguntas, notas, interpretações, decisões e fontes) ao Talmude. [N.T].

... Não se pode negar que este está entre os mais antigos registros de Jesus Cristo, quer seja uma falsificação, quer não, e é muito importante, visto que prova a todo erudito em grego que o nome de Cristo não necessariamente vem da palavra grega χριω , ungir, mas pode vir da palavra χρηςος benigno, *mistis*; pois está escrita da forma que era muito comum nos tempos antigos, mas caiu em desuso em tempos posteriores, quanto a letras ει foi sendo substituída pela letra η – como em σωτειρα que se tornou σωτειρα.[60] Assim χρειςος tornou-se χρηςος. O η constantemente mudando para "i", mas acredito que dificilmente o "i" tenha se tronado η. Isso eu digo com desconfiança, sem pretensão de ser suficientemente instruído na língua grega para dar uma opinião definitiva em um ponto tão delicado ou para dizer que a mudança nunca ocorreu no trabalho de todos os escritores gregos. Entretanto, nenhum erudito em grego negará que ele pode prontamente ter mudado do ει para o η como para o "i", e que qualquer palavra que era escrita nos tempos antigos com o ει , como σωτειρα, tenha mudado como ela, para σωτηρια.

"O primeiro nome de Jesus pode ter sido χρειςος , o segundo χρηςος e o terceiro χριςος. A palavra χρειςος era usada antes que a letra 'H' fosse usada na língua."

Deve ser notado que Higgins escreve as palavras *Chreistos* e *Chrêstos*, bem como *Christos*, com a letra arcaica sigmatau no meio destas palavras, representando o som st. Ele tem o seguinte a dizer sobre o assunto dessa letra e de suas mudanças subsequentes (op. cit., I, 580-81): "Se recorrermos à *Scapula* nós descobriremos que χρηςις e χρησις têm precisamente o mesmo significado e são termos conversíveis. Em resumo, é vidente que eles são usados indiscriminadamente um pelo outro. Não se poderia supor que nas épocas mais antigas, talvez antes da invenção das letras, quando os nomes dos lugares pela primeira vez começaram a se firmar, o mesmo rigor na escrita dos mesmos,

[60] Ver *History of the Greek Alphabet*, de Payne Knight, p.105.

aconteceu, conforme foi observado pelos gregos quando eles se tornaram, em relação à sua língua, os mais melindrosos dos povos do mundo. Foi mostrado que o *tau* nas línguas antigas era constantemente representado por uma cruz. Por razões que aparecerão daqui em diante, imagino que a raiz de χρης foi ΤΡΣ-ΧΡΣ. Era uma prática constante dos gregos suavizar as palavras de sons grosseiros em sua língua. Assim *pelasgos* tornou-se *pelagos*, *casmillos*, *camillos*, *nesta*, *nessa*, *Cristos*, *Crissos*; onde a consoante forte depois do σ, é frequentemente eliminada. Αγνωστος tornou-se *ignotus*, a ilha de χρηςος, χρητος, o país da *Crestonia* tinha sua capital Crisa e seu porto Crysos..."

... Entre os caldeus o sigma e o tau eram conversíveis, como em Tur e Sur, e em Assyria chamada Aturia, como foi observado por Dion Cassius. Suspeito que foi a partir do uso indiscriminado destas duas letras que finalmente o *sigmatau* surgiu. O S sempre mudava para T e não era apenas em caldeu mas também siríaco e em grego, depois que Luciano compôs um diálogo sobre ele. Na língua latina, em velhos manuscritos, o '*c*' e '*t*' são frequentemente escritos de maneira intercambiável e indiscriminadamente, como, por exemplo, *iniatiale* com c. Disso, eu creio, surgiu o '*c*' do francês, que realmente como sinal não é outra coisa a não ser o *sigmatau* dos gregos. Embora eu tenha encontrado uma asserção de que o sigma e o *sigmatau* eram usados indiscriminadamente pelos gregos, prefiro acreditar que a mudança foi de χρηςος para χρησος e χριςος to χρισος, em conformidade com a prática de suavizar o sigma. Há alguma coisa muito peculiar a respeito disso, não é nem mudo, nem líquido, nem aspirado; portanto tem sido chamado de solidário. Ele compartilha algo do som do *Theta*... Isso, eu creio, explica em parte o uso indiscriminado do sigma e do tau e o surgimento do *sigmatau*."

26) Vide a nota Nº 2 do compilador.

27) Esta passagem é do trabalho de Luciano intitulado

φιλόπατρις, ἢ διδασκόμενος, "*O Amante deste País*, ou o *Estudante*." Ela ocorre na seção 17. Este trabalho é considerado espúrio por alguns eruditos e não pode ser encontrado em certas edições dos escritos de Luciano. Ela está, contudo, incluída na edição de C. Iacobitz, Vol. III, p. 419. Nessa passagem, certo Triephon responde às perguntas sobre se os atos dos cristãos eram registrados nos céus, por dizer: "Todas as nações são registradas, desde que o *Chrêstos* existe mesmo entre os gentios.".

28) Esta passagem é traduzida por T.R. Glover (Loeb. Class. Library): *Christian*, no que se refere à tradução, é derivado de "ungir". Sim, e quando pronunciado incorretamente *Chrestian* (pois vocês não têm nem mesmo o conhecimento do mero nome) é tido por "doçura" ou "bondade".

29) Higgins se refere ao crítico unitarista John Jones, LL.D (1766?-1827), que escreveu sob o pseudônimo de Ben David o trabalho intitulado: *A Reply to... A New Trial of the Witnesses* (*Uma Resposta a... Um Novo Julgamento das Testemunhas*), e ... *Not Paul but Jesus*, (*Não Paulo, mas Jesus*)... etc., 1824. 8-vo. Ver Index- Bio-bibliográfico, s.v. Jones.

30) A Versão Autorizada (do Novo Testamento) diz: "Que o Cristo possa habitar em vossos corações pela fé; que vós, estando enraizados no amor..."

31) Todo o assunto concernente às sibilas da antiguidade está envolto em considerável mistério. Supõe-se que elas fossem mulheres inspiradas por influência de planos superiores, que eram consultadas por suas pronunciações proféticas e floresceram em diferentes partes do mundo antigo. É provável que elas variassem desde o estágio mediúnico e sensitivo até aquele da verdadeira visão (espiritual). De acordo com Varro elas eram em número de dez, sendo uma delas a Eritreana, que Apolodoro da Eritreia alegou ser nativa daquela cidade, embora alguns a considerassem de origem babilônica. Diz-se que ela predisse para os gregos, quando estavam em viagem para Tróia, que essa cidade estava destinada a perecer. A mais celebre das sibilas foi a Cumeana, na Itália, de quem nos fala Naevius e outros escritores latinos, especialmente Virgílio. Esta é a sibila que acompanhou Enéas às regiões inferiores (Ovid, Me-

tam., XIV, 104 et seq.; Servius, In Verg. comm., vi, 321).

De acordo com a bem conhecida lenda romana, uma das sibilas veio ao palácio de Tarquínio, o Segundo, e ofereceu-se a vender-lhe nove livros, os quais ela declarou conter as profecias inspiradas da sibila de Cumea. Por tais tesouros ela exigiu o que para o monarca era um preço extravagante. Ele se recusou a comprar os livros e despachou a mulher com ridículo. A sibila virou-se e queimou três dos volumes na presença do rei. Ela então lhe ofereceu os seis restantes pelo mesmo preço que pedira previamente pelo todo, e quando Tarquínio novamente recusou e riu-se dela, ela queimou mais três e ofereceu os três restantes pelo mesmo preço de antes. Esse comportamento estranho provocou profunda impressão no monarca. Aquela que ele ridicularizara como louca, ele agora considerava inspirada. Consequentemente, ele comprou o que restou dos tesouros proféticos, e a sibila desapareceu e nunca mais foi vista.

Estes livros de chamados Versos Sibilinos foram preservados com bastante cuidado e um grupo de sacerdotes sendo designado a tomar conta deles, e foram consultados com a maior solenidade quando o estado parecia estar em perigo, a fim de que a vontade dos deuses fosse conhecida e o perigo fosse evitado. Quando o Capitólio foi incendiado durante os tumultos de Sylla, em 83 a.C., os livros sibilinos lá depositados foram destruídos. Para reparar a perda, emissários foram enviados a diferentes partes da Grécia para recolher o que quer que fosse encontrado dos inscritos inspirados das sibilas, para fazer uma nova coleção. Em relação ao destino desta segunda coleção, de acordo com as melhores autoridades, o Imperador Honório emitiu uma ordem em 399 d.C., para destruí-la, e em cumprimento desta ordem, Estilicão queimou todos esses escritos proféticos e demoliu o templo de Apolo onde eles estavam guardados.

Deveria ser entendido claramente que os oito livros de versos sibilinos existentes hoje não têm nenhuma relação definida com estas coleções romanas antigas. Eles são oráculos em sua maioria e de origem judaico-cristã. Por causa da grande popularidade usufruída pelos oráculos da antiguidade e da influência que tiveram na formação das ideias religiosas do período, os judeus helênicos de Alexandria, durante o segundo século a.C., compuseram versos organizados de uma forma similar e atribuíram-nos às sibilas, eles foram postos em circulação entre os pagãos como um meio de difusão do judaísmo. Esse costume continuou até a era cristã e foi pego por empréstimo por alguns cristãos, tanto que no segundo e terceiro séculos d.C. uma nova classe de oráculos emanados de fontes cristãs veio à existência. Algumas dessas adaptações de fontes judaicas anteriores e outras foram escritas inteiramente por cristãos.

É mais provável que estas coleções alexandrinas e outras posteriores contivessem em seus textos alguns fragmentos dos primórdios, oráculos puramente pagãos, e aquele atribuído à sibila da Eritreia e comentado por H.P.B. é aparentemente um destes. Também se pode encontrar em formas acrósticos as letras iniciais dos versos 217-250 do Livro VIII da coleção existente dos Oráculos Sibilinos.

O Assunto das sibilas e suas pronunciações pede por estudos sérios e elucidação por parte dos estudantes da filosofia esotérica, visto que elas lançam muita luz sobre os poderes latentes no homem e os mistérios da sua consciência psíquica e noética.

Um dos relatos mais completos que nós temos das sibilas do passado é aquele encontrado nos escritos de Firmiano Lactancio (*Divine Institutes*, Bk. I ch.vi; J.P. Migne, Patr. C.Compl,. Ser. Latina, Vol. VI, 140-47) Esse padre latino prosperou perto do final do século III d.C.; ele se refere a Varro como sua autoridade. A sibila e seus oráculos são assunto de todo o capítulo XXXVII de um tratado intitulado *Hortatory Address to the Creeks*, normalmente atribuído a Justino o Mártir e publicado entre os seus escritos (Migne, Part. C. Compl., Ser. Graeco-Latina, Vol. VI, 309 et seq.; M. S. Terry, *The Sibylline Oracles*, tem uma tradução do texto grego de Migne), embora sua real autoria seja incerta. Agostinho cita as primeiras 27 linhas do acróstico mencionado acima em uma tradução latina que objetiva conservar a forma acróstica do grego (*De civitate dei*, Bk. XVIII, ch. XXIII). Existe uma tradução inglesa da versão latina de Agostinho por Marcus Dods na Select Library of the Nicene and Post-Nicene Fathers (Biblioteca Seleta dos Padres Nicenos e Pós-Nicenos) (citada também por Terry), onde Dods objetiva conservar em inglês a forma acróstica. Os versos acrósticos são citados na integra por Eusébio em seu relatório do *Discurso de Constantino na Assembléia dos Santos*, XVIII (Migne, Patr. C. Compl., Ser. Graeco-Latina, XX, col. 1288-89).

Para o benefício do estudante sério nós alistamos abaixo certos trabalhos e ensaios que dão uma grande quantidade de informações sobre o estudo das sibilas, seus pronunciamentos e adivinhação em geral:

> G. R. S. Mead, *The Sibyl and her Oracles*, (*As Sibilas e seus Oráculos*) The Theosophical Review, Vol. XXII, Julho e Agosto, 1898; e "*The Sibyllists and the Sibyllines*," ibid., Vol. XXIII, setembro, outubro e novembro, 1898. Inclui consideravel informação bibliográfica.
>
> Milton S. Terry, *The Sibylline Oracles Translated from the Greek into English Blank Verse*, New York, 1890. Very complete bibliography. New ed., revised after the text of Rzach. New York: Eaton and Mains; Cincinnati: Curts and Jennings, 1899.
>
> C. Alexandre, *Oracula Sibyllina*, Paris, 1841 and 1853. Também uma edição posterior de 1869. Texto grego.
>
> A. Bouché-Leclercq, *Histoire de la divination dans l'antiquité*. Paris: E. Leroux, 1879-82. 4 vols. 8-vo. Exhaustive bibliography. Work crowned by the French Academy.
>
> Fernand Cabrol and Henri Leclercq, *Dictionnaire d'archéologie chrétienne et de liturgie*. Paris: Librairie Letouzey et Ané, 1903-54. Fifteen tomes in 30 vols. 8-vo. Vide long and most valuable article on Oracles.
>
> Charles Daremberg and Edmond Saglio, *Dictionnaire des antiquités grecques et romaines*. Paris: Librarie Hachette, 1877-1919, etc. Five tomes in 10 vols. Vide article on Sibyllae, Sibyllini libri.

32) Normalmente traduzido como "... nosso estimado Sócrates..." (Cf. Loeb Class. Library).

33) No mesmo *Life of Phocion*, Cap. XIX, Plutarco fala do fato de que "a reputação [da sua segunda esposa] não era menos que a de Phocion no que se refere a probidade," a última palavra sendo equivalente ao grego *chrêstotêti*.

34) "Aquele que semeia ou que planta", de acordo com Macrobio, Saturnalia, I, 9; I, 15. Conserentes dii, que preside sobre (uma) geração.

35) Esta referência é ao trabalho de Luciano, chamado às vezes *Trial* in the *Court of Vowels* (Julgamento na Corte das Vogais), cujo último parágrafo descreve o seguinte, de acordo com a tradução inglesa de H.W. e F.G. Fowler (The Works of Lucian of Samosata. Oxford: Claredon Press, 1905 e 1939):

> ... os homens pranteiam... amaldiçoam Cadmo... por ter introduzido o tau na família das letras; eles dizem que foi o seu corpo que os tiramos escolheram como um modelo, sua forma que eles imitaram, quando eles conceberam as estruturas nas quais os homens são crucificados. EJ"LD'I é como se chama o vil dispositivo, e dele deriva seu nome vil. Então, com todos esses crimes sobre si, não merece ele a morte, ou senão, muitas mortes? Da minha parte não conheço nada tão ruim a não ser aquela forma do próprio [tau] – aquela forma que foi dada a forca chamada FJ"LD'I pelo homem.

36) Esta importante passagem é de E. D. Clarke, LL.D., *Travels in various Countries of Europe, Asia and Africa* (*Viagens por Vários Países da Europa, Ásia e África*). 4ª ed. Londres: Impresso por T. Cadell e W. Davies na Strand, por R. Watts, Crown Court, Temple Bar, 1816-24. 11 Vols. Ele contém uma descrição de *Delphi*, no Vol. VII, cap. VI. *Lebadéa to Delphi*, pp. 239-40- Nós citamos uma grande parte da mesma:

> "As ruinas do ginásio estão principalmente atrás do mosteiro. Dentro do mosteiro, encontramos as fileiras de pilares, frisos quebrados, e *triglyphs*... E dentro do santuário, atrás do altar, vimos os fragmentos de um *Béma* de mármore, ou cátedra, atrás do qual encontramos as seguinte inscrição, exatamente como está descrita aqui, sem nenhuma parte apagada ou removida, permitindo talvez, o único

exemplo conhecido de uma inscrição sepulcral sobre um monumento de tão notável estrutura:

É em honra de um jovem de Larissa em Tessália que morreu aos dezoito anos de idade. Com relação as palavras χρήστος e ἥρως, pode ser comentado que todos os epitáfios sobre os *larisseanos*, que Spon preservou, contêm aquelas palavras.[61] Havia muitas cidades que tinham o nome de Larissa; consequentemente a cidade da qual o jovem aqui homenageado era nativo, tem a distinção de Πελασγιώτης.. Ela é mencionada por Estrabo, em sua descrição da Tessália:[62] ela tinha o nome de Larissa Pelasga, embora sua situação estivesse sem os pelasgos.
Transliterada, a inscrição reza: *Chrêstos protou Thessalos Lareisaios Pelasgiôtês etôn. Iê Hêrôs.*
Sem nenhum desejo de levantar questões sobre a precisão da interpretação de H.P.B dessa inscrição, no que tange ao significado oculto, é aconselhável, contudo, destacar que a forma gramatical *protou* não significa "o primeiro", que seria *protos*; na realidade ela significa "do primeiro". Entretanto, é considerada a opinião de um erudito grego que nesse caso particular a palavra poderia bem significar "filho de Protos". Na versão inglesa dada por H.P.B., "...de Larissa, Pelasgiota"... deveria na realidade ser "... de Larissa Pelasga".

37) Higgins, *Anacalypsis*, I, 582.

38) Dr. E.D. Clarke, *Travels*, etc., Vol. VII pp. 237-38. Há

[61] Vide Spon, Miscell. Antiq., 331.
[62] Estrabo, *Geografia*, Livro IX, p.630. Ed.Oxon.

alguma incerteza da pontuação e da construção da sentença por H.P.B. que segue imediatamente esta citação; nós a deixamos inalterada.

39) *Agnostic Anual* (Anúario Agnóstico) para 1888, p.12.

40) Estes excertos abundantes são todos do ensaio de Gerald Massey *The Name and the Nature of the Christ* (O Nome e a Natureza do Cristo), no *Anuário Agnóstico* de 1888, pp. 9-14. Vide nota 17 do compilador.

41) *Life of Phocion*, (A Vida de Phocion), Cap. x, sec. 2 Cf. Nota 33 do compilador.

42) Esta passagem é do ensaio de Gerald Massey *The Name and the Nature of the Christ* (O Nome e a Natureza do Cristo), no *Anuário Agnóstico* de 1888, p. 12 Vide Nota 17 do compilador. A referência nesta passagem a Augustus Böckhs' *Corpus Inscriptionum Graecarum,* em 4 volumes. Berlin: Kaiserliche Akademie der Wissenschaften. Fol., 1828-77. No volume 4° desta série estão listadas as 1287 inscrições intituladas *Inscriptiones Christianae*, numeradas 8606-9893. Estas inscrições são do Egito, Nubia, Síria, Grécia, Ilíria, Sicília, Sardenha, Itália, Ásia Menor, Gália, Alemanha etc.

43) H.P.B. cita a partir do Key to the Hebrew-Egyptian Mystery in the Source of Measures, (Chave para o Mistério Hebreu-Egípcio em A Fonte das Medidas) p. 256, de J. Ralston Skinner Cincinnati: R. Clarke & Co., 1875, 324 pp.; 2nd ed., Philadelphia: David McKay Company [1931].

44) Op. cit., p. 259.

45) Op. cit., p. 260.

46) Op. cit., p. 260.

47) Op. cit., p. 255.

48) A primeira expressão é do trabalho de Luciano intitulado *Zeus eleghomenos* (Latim, *Iuppiter Confutatus*), *Zeus Cross-Examined, a dialogue between Zeus and a Cynic* (Zeus Interrogado, um diálogo entre Zeus e um Cínico). A segunda expressão não foi certamente identificada.

49) Esta referência aponta para o *Thesaurus Graecae* linguae (θησαυρὸς τῆς Ἑλληνικῆς γλώσσης), de Henricus Stephanus, 5 vols, Geneva, 1572, fol. (British Museum: 680. g. 1-4). Esse notável trabalho erudito foi publicado em

Londres, 1816-26, fol. (Editado por A.J. Valpy), e em Paris, onde ele também foi publicado por A.Firmin Didot, 1831-65, em oito volumes. Stephanus era o pseudônimo de Henri Estienne (1528-98, 2° do nome), um erudito clássico francês muito prolífico que pertenceu a uma família de eruditos e editores que produziram muitos trabalhos escolásticos sobre a antiguidade clássica.

50) H.P.B anexou diversas notas de rodapé ao artigo do Rev. Headley; elas serão encontradas em sequência cronológica, em fevereiro, 1888, na presente série.

51) Vide nota 6 do compilador. As palavras entre colchetes que aparecem nesta passagem são da própria H.P.B.

52) *The History of the Decline and Fall of the Roman Empire*, Chapter XV (A História do Declínio e da Queda do Império Romano, capítulo XV).

53) A versão aceita de Gal 3:3, é a seguinte: "Sois tão insensatos que tendo começado no espírito, agora acabais na carne?"

54) Na tradução inglesa de *Eusebius' Eclesiastical History* (História Eclesiástica de Eusébio) feita a partir do original em grego pelo Rev. C. F. Crusé (London: George Bell & Sons, 1908), a passagem referida lê-se da seguinte forma: "... a melhor reputação de Basílides que chegou até nós é aquela de Agrippa Castor, um dos escritores destacados daqueles dias... Ele diz, que [Basílides] compôs 24 livros sobre os evangelhos..." (pp.121-22);

Este assunto é considerado completamente no trabalho de Cassel. Ver a Nota 55 a seguir.

55) Originalmente publicado de forma anônima por Richard Cassels (1826-1907), 2 Vols., London: 1874. Seu subtítulo era: *An Inquiry into the Reality of Divine Revelation* (Uma Investigação sobre a Realidade da Revelação Divina). Por volta de 1875, seis edições tinham aparecido. Em 1877, um 3° volume foi acrescentado pelo autor. 5ª Edição, London: Longmans, Green & Co.; Boston: Roberts Bros., 1875-77. 3 Vols. Edições populares em volume único apareceram em 1902 e 1905.

A referência é feita ao Volume II, Parte II, Cap. vi, "*Basilides - Valentinus.*"

56) Esta referência, na realidade, não é tão definida quanto H.P.B. parece sugerir. A passagem meramente menciona certo Glaucias que se alega ter sido o intérprete (ἑρμηνεύς) de São Pedro, que segundo se alega era instrutor de Basílides.

57) Em *Patrologiae Cursus Completus*, Série Latina, de J. P. Migne, Paris, 1879, esta passagem pode ser encontrada no Capítulo XLVI, B, de *De praescriptionibus adversus haereticos* (The Prescription against Heretics), onde, de acordo com um manuscrito mais antigo, ele também está paginado como [62]. Ocorre uma breve seção que é introduzida pelo subtítulo: CONTRA HAERETICOS EXPLICIT, como um adendo ao trabalho principal.

Em *Ante-Nicene Fathers* (Vol. III, p. 649-50, Buffalo, 1885), essa passagem aparece na tradução inglesa do Rev. S. Thelwall. A seção inteira a que ela pertence está publicada separadamente dos *De praescriptionibus adversus haereticos* sob o título de : *Against All Heresies - Adversus Omnes Haereses* (Contra Todas as Heresias), como um fragmento que é considerado espúrio por muitos eruditos. Oehler atribui este fragmento a Victorius Petavionensis, i.e., Victorius Bispo de Pettaw, uma pequena aldeia na Estíria austríaca, que morreu como mártir das perseguições dioclesianas, provavelmente por volta de 303 d.C., São Jerônimo faz o mesmo.

A versão de H.P.B. é bastante abreviada e tem pequenas diferenças do original. O texto em latim de Migne apresenta-se assim:

> *Postea Basilides haereticus erupit: hic esse dicit summum Deum nomine Abraxan, ex quo mentem creatam, quam Graece NOYN appellat. Inde Verbum. Ex illo providentiam ex providentia virtutem et sapientiam: ex ipsis inde principatus, et potestates, et angelos factos, deinde infinitas angelorum editiones et probolas: ab istis angelis trecentos sexaginta quinque coelos institutos, et mundum in honore Abraxae, cujus nomen hunc in se habebat numerum computatum. In ultimis quidem angelis, et qui nunc fecerunt mundum, novissimum ponit Judaeorum Deum, id est Deum legis et prophetarum; quem Deum negat, sed angelum dicit.*

A Tradução de S. Thelwall é a seguinte:

> Mais tarde eclodiu o herege Basílides. Ele afirma que há uma deidade suprema, por nome Abraxas, por quem a mente foi criada, que em grego ele chama nous, dela emanou a palavra; que dele foi emanada a providencia, virtude [ou poder], e sabedoria; e dentro destes subsequentemente foram feitos principados, poderes [potestades], e anjos; que então foram surgindo infinitas ordens e procissões de anjos; que por estes anjos 365 céus foram formados, e o mundo [mundum], em honra a Abraxas, cujo o nome, se computado, tem em si mesmo este número. Então, entre o último dos anjos, aqueles que fizeram este mundo, ele põe finalmente o Deus dos Judeus em último lugar, isto é, o Deus da Lei e dos Profetas, que ele nega ser um Deus, mas afirma ser um anjo.

58) A Ref. é principalmente ao Vol. II, pp. 423-28, 434, 471-73.

59) Em *Isis Sem Véu*, II, 182, nota de rodapé [ed. inglesa], H.P.B. cita a passagem na página 35 do trabalho de Hermann Olshausen, em sua versão inglesa, como segue:

> É notável que, enquanto todos os Pais da Igreja dizem que Mateus escreveu em hebraico, todos eles usem o texto grego como o genuíno escrito apostólico, sem mencionar qual a relação que o Mateus hebraico tem com o nosso Mateus grego! Ele tinha muitos acréscimos peculiares que estão faltando em nosso evangelho.

O trabalho de Olshausen foi traduzido para o inglês pelo Dr. Fosdick, sob o título de: *Proof of the genuineness of the writings of the New Testament [Prova da Genuinidade dos escritos do Novo Testamento]*. Andover (E.U.A), 1838. 12- vo (Museu Britânico. 1216. b. 1).

Entretanto, ao nos referirmos ao texto original em alemão de Nachweis der Echtheit etc., a última sentença da citação, conforme dada acima, não pode ser encontrada. O texto original das primeiras duas sentenças é o que segue:

> *Sonderbar ist nur der Umstand, dass, während alle Kirchenväter erzählen, Matthäus habe herbräisch*

geschrieben, sie doch insgesammt den griechischen Text brauchen als echte apostolische Schrift, ohne zu bemerken, wie sich der hebräische Matthäus zu unserm griechischen verhalte. Denn dass die altern Kirchenlehrer das Evangelium des Matthäus nicht etwa in einer andern Form hatten, als wir es jetzt besitzen, ist ganz ausgemacht.

60) Neste ponto, no lugar original de publicação, em *Lucifer*, é feita referência entre parênteses ao comentário de São Jerônimo a Mateus, Livro II, Cap. 12:13; a partir do meio deste parágrafo, alguém facilmente imaginaria que H.P.B. está tirando esses fatos deste comentário específico, especialmente visto que ele é mencionado no próprio texto.

Contudo, se o estudante se reportar a *Isis Sem Véu*, II, 182 [ed. inglesa], ele encontrará os mesmos fatos relatados, e excertos citados atribuídos a 'São Jerônimo, V, 445'. Esta última referência provou-se ser um obstáculo intransponível para um número de estudantes eruditos, que foram incapazes de encontrá-la nos escritos de São Jerônimo, apesar dos repetidos esforços durante muitos anos. Na época em que muitas citações que ocorrem em *Isis Sem Véu* foram investigadas quanto a sua precisão, essa teve de ser abandonada devido à falta de dados adequados quanto a sua fonte.

Como resultado de pesquisas mais recentes, a verdadeira fonte dessas citações, ou melhor, dessa série de excertos foi localizada. Em conexão com isso, temos uma dívida de gratidão com Foster M. Palmer, Assistente de Referências a cargo do Departamento de Referências, na Biblioteca da Universidade de Harvard, Cambridge, Mass., cujo interesse e prontidão para ajudar foi de grande valor no decorrer do trabalho editorial ligado à publicação da presente série de volumes. A passagem usada por H.P.B. foi localizada na edição dos *Trabalhos de São Jerônimo* de Johannes Martianay, publicados em cinco volumes em Paris por Ludovicus Roulland, 1693-1706. A data do Vol. V é 1706, e na coluna 455 ocorre a passagem em discussão, em seu original em latim.

Todavia, toda esta seção é composta por material falsamente atribuído a São Jerônimo e é intitulada: *Sancto Hieronymo*

Stridonensi falso adscriptorum opusculorum tripartita series. Nossa parte específica está na terceira série, descrita como: *In tertia similiter quae suos Auctores ipsa prae se ferunt; sed quae parum docta habentur.* O texto em latim está como segue:

> Hieronymus Chromatio & Heliodoro Episcopis
>
> *Dominis sanctis & beatissimis, Chromatio & Heliodoro Episcopis, Hieronymus exiggus Christi servus in Domino salutem. Qui terram auri consciam fodit, non illico arripit quicquid fossa profuderit lacerata, sed priusquam fulgens pondus vibrantis jactus ferri suspendat, interim vertendis suspendendisque cespitibus immoratur, & specialiter qui nundum lucris augetur. Arduum opus injungitur, cum hoc fuerit Matthaeus Apostolus & Evangelista voluit in aperto conscribi. Si enim hoc secretum non esset Evangelio utique ipsius quod edidit addidisset: sed fecit hunc libellum Hebraicis literis obsignatum: quem usque adeo edidit, ut & manu ipsius liber scriptus Hebraicis literis à viris religiosissimis habeatur, qui etiam à suis prioribus per successus temporum susceperunt. Hunc autem ipsum librum, nunquam alicui transferendum tradiderunt: textum ejus aliter atquc aliter narraverunt.*
>
> *Sed factum est ut à Manichaei discipulo nomine Seleuco: qui etiam Apostolorum gesta falso sermone conscripsit: hic liber editus, non aedificationi, sed destructioni materiam exhibuerit: & quod talis probaretur in synodo cui merito aures Ecclesiae non paterent. Cesset nunc oblatrantium morsus: non istum libellum canonicis nos superaddidimus scripturis: sed ad detegendum haereseos fallaciam, Apostoli atque Evangelistae scripta transferimus: in quo opere non tam piis jubentibus Episcopis obtemperamus, quam impiis haereticis obviamus. Amor igitur est Christi cui satisfacimus, credentes quòd nos suis orationibus adjuvent: qui ad salvatoris nostri infantiam sanctam per nostram potuerin tobedientiam pervenire.*

No reconhecido julgamento do professor Mason Hammond, professor papa de língua latina e literatura na Universidade de Harvard, Cambridge, Mass, a quem o texto acima foi submetido, o latim nele está bastante confuso e não apresenta um claro sentido. Ele e o Professor La Piana, em casa no que se refere ao campo da História da Igreja, chamaram nossa atenção a um trabalho mais recente em francês intitulado *Les Évangiles Apocryphes*, publicado em *Textes et Documents pour l'étude historique du Christianisme*, publicado sob a supervisão de Hippolyte Hemmer e Paul Lejay (Paris: Picard, 1911-14. 2 vols.). No Vol. I deste trabalho estão diversos evangelhos apócrifos editados por Charles Michel, dos quais o segundo é "pseudo-mateus". Este está prefaciado por duas cartas; a primeira sendo dos bispos Chromatius e Heliodorus a Jerônimo, e a segunda sendo sua resposta a eles. Essa segunda carta, na qual estamos interessados, pode ser encontrada nas páginas 56-58, junto com uma tradução para o francês. O evangelho de pseudo-mateus é discutido no prefácio, pp. XIX-XXII, onde Michel o data, com base nestas cartas, como não antes do final do 4° século d.C. e provavelmente no 6°. Ele considera as cartas como "evidentemente apócrifas" escritas em um período "quando o nome de São Jerônimo tinha uma autoridade muito grande."

Porém o texto dado por Michel difere consideravelmente daquele citado acima, o que pode se dever a erros antigos de transcrição ou a aprimoramentos posteriores. O que tem importância é que o texto de Michel apresenta um sentido muito melhor. Nós o adicionamos abaixo:

> *Dominis sanctis & beatissimis Chromatio & Heliodoro Episcopis, Hieronymus exiguus Christi servus in Domino salutem. Qui terram auri consciam fodit, non illico arripit quicquid fossa profunderit lacerata, sed priusquam fulgendum pondus vibrantis jactus ferri suspendat, interim vertendis supinandisque cespitibus immoratur, et spe alitur qui nundum lucris augetur. Arduum opus injungitur, cum hoc fuerit a vestra mihi beatitudine imperatum quod nec ipse sanctus Matthaeus Apostolus & Evangelista voluit in aperto conscribi. Si enim secretius non esset, Evangelio utique ipsi quod edidit addidisset: sed fecit hunc libellum Hebraicis litteris*

obsignatum, quem usque adeo non edidit, ut hodie manu ipsius liber scriptus Hebraicis litteris à viris religiosissimis habeatur, qui eum à suis prioribus per successus temporum susceperunt. Hunc autem ipsum librum, cum nunquam alicui transferendum tradiderunt; textum vero ejus aliter aliterque tradiderunt.

Sic factum est ut à Manichaei discipulo nomine Seleuco, qui etiam Apostolorum gcsta falso sermone conscripsit, hic liber editus non aedificationi, sed destructioni materiam exhibuerit, & quod talis probaretur in synodo, cui merito aures Ecclesiae non paterent. Cesset nunc oblatrantium morsus: non enim istum libellum canonicis nos superaddidimus scripturis; sed ad detegendum haereseos fallaciam Apostoli atque Evangelistae scripta transferimus. In quo opere tam jubentibus piis obtemperamus Episcopis, quam impiis haereticis obviamus. Amor ergo Christi est cui satisfacimus, credentes quod nos suis orationibus adjuvent qui ad salvatoris nostri sanctam infantiam per nostram potuerint obedientiam pervenire.

Traduzido do inglês, o texto em latim acima é como segue:

> ... Uma árdua tarefa foi usufruída por vossa beatitude sobre mim, a saber, aquilo que São Mateus, apóstolo e evangelista, não desejavam que fosse escrito. Pois não fosse um grave segredo, ele o teria colocado no evangelho que ele nos deu como seu; mas ele escreveu esse livro selado em caracteres hebraicos; e ele não providenciou a sua publicação a não ser agora, de modo que seu livro, escrito em inscrições hebraicas e por suas próprias mãos, é hoje possuído pelos homens mais religiosos, que, na sucessão dos tempos, receberam-no daqueles que os precederam. Embora eles nunca tivessem entregue esse livro para ser transcrito, eles transmitiram o seu texto, para alguns de uma maneira, e para outros de outra.
>
> E então aconteceu desse livro, publicado por um discípulo de Maniqueu, chamado Seleuco, que também escreveu nm discurso falseado os Atos

dos Apóstolos, conter material não para a edificação, mas para a destruição; e sendo como tal ele foi aprovado em um sínodo ao qual os ouvidos da Igreja se recusaram a escutar.

Com relação ao Comentário de Mateus, Livro II, Cap. XII, 13, a única sentença nele que se relaciona ao presente assunto é a seguinte:

> ... *In Evangelio, quo utuntur Nazaraeni et Ebionitae (quid nuper in (Graecum de Hebraeo sermone transtulimus, et quod vocatur a plerisque Matthaei authenticum), homo iste, qui aridam habet manum, caementarius scribitur...*[63]

Que, traduzida do inglês lê-se:

> ... No evangelho que era usado pelos nazarenos e ebionitas (que recentemente nós traduzimos de um sermão em hebraico para o grego e que, por muitos, tem sido declarado ser o autêntico Mateus), o mesmo homem que tinha a mão ressequida era um pedreiro...

Quanto à nota de rodapé de H.P.B. referindo-se ao livro de São Jerônimo *De viris inlustribus liber,* cap. 3, ela é obviamente completamente oposta a todo esse assunto, mas parece estar ligada a um lugar errado no texto, o que resultou em uma confusão considerável, possivelmente devido a uma edição defeituosa do seu manuscrito. O parágrafo referido no capítulo 3 do trabalho de São Jerônimo é o seguinte:

> *Matthеus, qui est Levi, ex publicano apostolus, primus in Iudaea propter eos qui ex circumcisione crediderant, Evangelium Christi Hebraeicis litteris verbisque composuit: quod quis postea in Graecum transtulerit, non satis certum est. Porro ipsum Hebraeicum hebetur usque hodie in Caesariensi bibliotheca, quam Pamphilus martyr studiosissime confecit. Mihi quoque a Nazaraeis, qui in Beroea urbe Syriae hoc volumine utuntur, describendi facultas fuit. In quo animadvertendum, quod ubicumque Evangelista, sive ex persona sua, sive ex*

[63] Vide Hieronimi, *Commentarius in Evangelium secundum Matthaeum*. J. P. Migne, Patrologiae Cursus Completus. Séies Latina. Tomus XXVI. Col. 80-81. Paris: Garnier frères, 1884.

> *persona Domini Salvatoris, veteris Scripturae testimoniis abutetur, non sequatur Septuaginta translatorum auctoritatem, sed Hebraicam, e quibus illa duo sunt: "ex Aegypti vocavi Filium", et: "quoniam Nazaraeus vocabitur".* [64]

Que, traduzida do inglês, lê-se:

> "Mateus que era chamado Levi, e de publicano tornou-se um apóstolo, foi o primeiro na Judeia que escreveu um evangelho de Cristo, na língua e caracteres hebraicos, em benefício daqueles dentre os circuncisos que creram. Não é suficientemente certo com relação a quem teria sido aquele que o traduziu mais tarde para o grego. O original em hebraico podia ser encontrado até esses dias na biblioteca diligentemente reunida em Cesárea pelo Mártir Pamphilus. Foi possível até para mim ter acesso a esse volume que os nazarenos tinham usado em Veria, uma cidade na Síria. Deveria ser notado que sempre que o evangelista traz à frente o testemunho do Velho Testamento, ou ele mesmo ou de acordo com Salvatore, ele não segue a versão da Septuaginta, mas cita diretamente do hebraico. Dela veio a seguinte passagem: "Do Egito eu chamei o meu Filho," e "por esta razão ele foi chamado de o nazareno."

O assunto inteiro também é coberto por H.P.B em seu poderoso artigo intitulado: *The Origin of the Gospels and the Bishop of Bombay* (A Origem dos Evangelhos e o Bispo de Bombaim) (The Theosophist, Vol. IV, 1882, pp.6-9) que será encontrado em sua ordem cronológica correta na presente série. Umas poucas passagens dos padres são trazidas para discussão.

61) Esta citação é uma versão inglesa do texto original em francês de Salomon Munk (1803-67), em seu *Mélanges de Philosophie Juive et Arabe* (Paris: A. Franck, 1859), p. 976, que é como segue:

> *... Il nous paraît évident, au contraire, que le compilateur s'est servi de documents anciens, et entre*

[64] Vide J. P. Migne, P. C. C., Séries Latina, Tomus XXIII, Col. 613. Paris, 1883.

> *autres de certains Midraschîm, ou recueils de traditions et d'expositions bibliques, que nous ne possédons plus aujourd'hui...*

62) Esta é uma referência bastante enganosa, tendo-se em vista que H.P.B. não cita a partir de nenhum trabalho de Augustus Tholuck (1799-1877) no seu texto acima. Por se referir outra vez a S. Munk *Melanges* etc., nós temos que ele prossegue na mesma maneira na página 276:

> *... Nous croyons aussi qu'on peut reconnaître dans les sephirôth des analogies frappantes avec les doctrines de certains gnostiques, notamment de Basilide et de Valentinien.*

Neste ponto, Munk acrescenta a seguinte nota de rodapé:

> *Cf. Tholuck, l.c., pag. 24 et 31.—Hâya Gaôn, mort en 1038, est à notre connaissance le premier auteur qui développe la théorie des sephirôth, et il leur donne des noms que nous retrouvons plus tard chez les kabbalistes (cf. Jellinek, Moses ben Schem-Tob de Leon, pag. 13, note 5); ce docteur, qui avait de fréquents rapports avec des savants chrétiens syriens ou chaldéens, a pu par ces derniers avoir connaissance de quelques écrits gnostiques.*

É esta passagem de Tholuck que H.P.B. cita em sua versão inglesa. Ao consultar as páginas anteriores de S. Munk *Melanges* , apareceria que o I.c. (Ioco citato) se refere ao *Commentatio de vi quam graeca philosophia in theologiam tum Muhammedanorum tum Judaeorum exercuerit*, pp. 24 and 31 de Tholuck.

63) Adolf Jellinek (algumas vezes escrito Gellinek) (1821-1893), *Moses ben Schem-tob de Leon und sein Verhältniss zum Sohar. Eine historischkritische Untersuchung über die Entstehung des Sohar*. Leipzig, 1851. 8-vo (British Museum: 4033. dd. 8.).

64) Em 1890, George R. S. Mead (1863-1933), teósofo, erudito clássico e colaborador íntimo de H.P.B. na Sede de Londres, traduziu para o inglês a versão latina de M.G. Schwartze de *Pistis-Sophia*, feita a partir de um manuscrito copta original

no Museu Britânico (MS. Add.5114). Ele publicou as páginas 1-252, com comentários e notas, em Lúcifer, Vols. VI, VII e VIII, entre abril, 1890, e maio, 1891. H.P.B. acrescentou um número considerável de seus próprios comentários e notas, que não estão infelizmente assinadas.

Em 1896, G.R.S Mead, depois de retraduzir todo o trabalho novamente e verificá-lo comparando com a tradução francesa de É. Amélineau (Paris, 1895), publicou em forma de livro (London: The Theosophical Publishing Society), com uma valiosa introdução. Não inclui quaisquer comentários ou notas de nenhum tipo. Ele parece ter tido a intenção de publicar um volume separado de Comentários, mas nenhum volume desse tipo jamais apareceu, nem quaisquer manuscritos sobre este assunto foi encontrado entre seus papéis pelo seu testamenteiro, John M. Watkins.

Os comentários e notas de H.P.B, que originalmente apareceram em Lúcifer, serão encontrados no volume XIII da presente Série, com o máximo do texto de *Pistis-Sophia* que parece necessário para compreender o texto de H.P.B. No mesmo lugar dados sucintos serão encontrados relacionados à literatura existente concernente a esse trabalho e outras informações pertinentes.

A intenção de H.P.B de escrever outra parcela desta série sobre "O Caráter Esotérico dos Evangelhos", com explicações relacionadas a Pistis-Sophia, não parece ter sido realizada.

Contos assombrosos de Blavatsky

Apresentação

Na presente seção, pretendemos apresentar uma série de contos fantasmagóricos escritos magistralmente por Blavatsky em seu livro *The Nightmare Tales* (Os contos de Pesadelo). Além de transmitirem subliminarmente lições ocultistas e morais relevantes, as histórias, que se seguirão a cada novo volume da presente série de Luzes da Teosofia, deverão prender a atenção e a respiração dos leitores, sendo garantia de divertimento saudável. Ao ler cada narrativa, o leitor facilmente se ligará a uma ou mais personagens, sendo essa conexão e aquela entre diversão e ética que faz, à semelhança das fábulas bem contadas, o leitor perceber facilmente que está diante de um clássico e não desperdiçando o seu tempo com uma história mal contada.

Da introdução original do livro, extraímos as seguintes palavras de Annie Besant:

> O mundo conhece HPB principalmente por seu conhecimento enciclopédico, seus poderes ocultos e a sua coragem única. Este livrinho, composto de histórias produzidas por ela em seus momentos mais descontraídos, mostra-a como uma escritora espirituosa, dotada de imaginação brilhante. O estudante terá vislumbres da realidade sob o disfarce da fantasia e saberá que apenas a mão de um ocultista poderia ter dado certos toques às imagens retratadas.
>
> *The Nightmare Tales* foram reescritos durante os últimos meses da dolorosa vida da autora: quando cansada com a labuta enfadonha do *Glossário*

Teosófico, ela, que não podia ficar ociosa, voltou-se para este trabalho mais leve e encontrou nele diversão e relaxamento. Seus amigos de todas as partes do mundo darão as boas-vindas a este exemplo tão raro de utilização de dons em meio a tensão do trabalho mais duro.

A caverna dos ecos[1]

Uma história estranha, mas verdadeira[2]

HELENA PETROVNA BLAVATSKY
Traduzido por Edilson Almeida Pedrosa

Em uma das províncias distantes do Império Russo, numa pequena cidade na fronteira da Sibéria, ocorreu uma misteriosa tragédia há mais de trinta anos. A cerca de seis verstars[3] da pequena cidade de P., famosa pela beleza selvagem de sua paisagem e pela riqueza de seus habitantes - geralmente proprietários de minas e fundições de ferro – erguia-se numa mansão aristocrática. A família que ali morava consistia do proprietário, um velho solteirão rico, e de seu irmão, viúvo e pai de dois filhos e três filhas.

Sabia-se que o proprietário, sr. Izvertzoff, adotara os filhos de seu irmão e por apegar-se de forma especial ao sobrinho mais velho, Nicolas, tornou-o o único herdeiro de suas numerosas propriedades.

O tempo passou. O tio estava ficando velho, o sobrinho

[1] Originalmente denominado *The Cave of the Echoes - a Strange but True Story*, este artigo de Blavatsky foi publicado quase simultaneamente em *Lúcifer*, Vol. X, março e abril de 1892, e como parte do livreto chamado *Nightmare Tales*, editado ela H.P.B. Press de Londres.

[2] "Esta história baseou-se na narrativa de testemunha ocular, um cavalheiro russo muito piedoso e plenamente digno de crédito. Além disso, os fatos foram copiados dos registros policiais de P. Por razões óbvias, a testemunha ocular em questão atribui o ocorrido, em parte, à interferência divina e, por outra parte, ao Maligno." (H.P.B.)

[3] *Verstar* é uma unidade comprimento russa, en desuso, equivalente a 1066,8m.

estava amadurecendo. Dias e anos se passaram em monótona serenidade, quando, no horizonte até então claro da tranquila família, formou-se uma nuvem. Num malfadado dia, uma das sobrinhas resolveu estudar cítara. Como esse instrumento é de origem puramente teutônica e por não haver nenhum professor dele residindo no bairro, o tio indulgente mandou que se procurasse ambos em São Petersburgo. Depois de uma busca diligente, apenas um professor pôde ser encontrado com disposição de aventurar-se em ir morar em tão estreita proximidade com a Sibéria. Era um velho artista alemão que, compartilhando as suas afeições igualmente entre o seu instrumento e uma linda filha loira, não queria se separar de nenhum dos dois. E, assim, numa bela manhã, o velho professor chegou à mansão com sua caixa de música embaixo de um braço e sua bela Munchen apoiada no outro.

A partir daquele dia, a pequena nuvem começou a crescer rapidamente, pois cada vibração do melodioso instrumento encontrava eco no coração do velho solteirão. A música desperta o amor, segundo dizem, e o trabalho iniciado pela cítara foi completado pelos olhos azuis de Munchen. Ao fim de seis meses, a sobrinha tornou-se uma perita em cítara, e o tio estava desesperadamente apaixonado.

Certa manhã, reunindo sua família adotiva ao seu redor, ele abraçou todos com muito carinho, prometeu lembrá-los em seu testamento e, por fim, declarou sua resolução inalterável de casar-se com a Munchen de olhos azuis. Depois disso, lançou-se aos seus pescoços e chorou em silencioso êxtase. A família, entendendo que a herança lhes escapava, também chorou, mas foi por outra causa. Tendo assim chorado, eles se consolaram e tentaram se alegrar, pois o velho cavalheiro era amado sinceramente por todos. Nem todos se alegraram, no entanto. Nicolas, que fora atingido no coração pela bela alemã e que se vira privado, ao mesmo tempo, de sua bela e do dinheiro de seu tio, não se regozijou nem se consolou, tendo até desaparecido por um dia inteiro.

Nesse ínterim, o sr. Izvertzoff mandou que lhe preparassem a sua carruagem de viagem para o dia seguinte, havendo sussurros de que ele estava indo para a capital do distrito, um tanto distante de sua casa, com a intenção de alterar sua vontade testamentária. Ainda que muito rico, ele não tinha administrador em sua propriedade, e ele próprio mantinha seus livros contábeis. Na mesma noite, depois do jantar, ouviram-no, em seu quarto, repreender furiosamente o seu servo que, por mais de trinta anos, estivera a seu serviço. Este homem, Ivã, era natural do norte da Ásia, de Kamschatka. Ele havia sido educado pela família na religião cristã e era considerado muito ligado ao seu patrão. Alguns dias depois, quando a primeira circunstância trágica que estou prestes a relatar trouxe para aquele local toda a força policial, foi lembrado que, naquela noite, Ivã estava bêbado e que seu mestre, que tinha horror ao vício da bebida, espancara-o paternalmente e o expulsara de seu aposento, e que Ivã fora visto saindo pela porta proferindo ameaças.

No vasto domínio de Izvertzoff, havia uma curiosa caverna que despertava a curiosidade de todos que a visitavam. Ela existe até hoje e é bem conhecida de todos os habitantes de P. Um bosque de pinheiros, que começa a poucos metros do portão do jardim, sobe em ladeiras íngremes até uma vasta extensão de colinas rochosas, às quais cinge com um amplo cinturão de vegetação impenetrável. A galeria que leva à caverna, conhecida como a "caverna dos ecos", está situada a cerca de 800 metros da mansão, de onde aparenta ser uma pequena escavação na encosta, quase escondida por plantas luxuriantes, mas não tão completamente a ponto de impedir que qualquer pessoa que entrasse nela pudesse ser vista facilmente do terraço em frente à casa. Ao entrar na gruta, o explorador encontra uma fenda estreita no fundo. Passado pela fena, ele emerge em uma alta caverna, debilmente iluminado por fissuras no teto abobadado, a quinze metros do chão. A caverna em si é imensa e poderia conter facilmente entre duas e três mil pessoas. Uma parte dela, nos dias do Sr. Izvertzoff, era pavimentada com lajes e usada frequentemente no verão como um salão de baile durante piqueniques. De um oval irregular, ela estreita-se gradualmente em um longo corredor, que se estende por vários quilômetros abaixo, abrindo aqui e ali em outras câmaras, tão grandes e altas quanto o salão de baile. Mas, ao contrário deste, são intransponíveis, a não ser por barco, pois estão sempre cheios d'água. Essas bacias naturais têm a reputação de serem insondáveis.

Na margem da primeira delas há uma pequena plataforma com vários assentos rústicos coberta de musgos, e é deste ponto que são ouvidos, em toda a sua estranheza, os ecos fenomenais que dão nome à caverna. Uma palavra sussurrada e até mesmo um suspiro são captados por vozes zombeteiras sem fim e, em vez de diminuir de volume, como fazem os ecos normais, o som fica cada vez mais alto a cada repetição sucessiva, até que irrompe finalmente como a repercussão de um tiro de pistola e recua em um lamento melancólico pelo corredor.

No dia em questão, o Sr. Izvertzoff mencionou sua intenção de dar um baile nesta caverna no seu casamento, que ele tinha fixado para uma data próxima. Na manhã seguinte, enquanto se preparava para viajar, ele foi visto por sua família entrando na gruta, acompanhado apenas por seu criado siberiano. Meia hora depois, Ivan retornou à mansão para buscar uma tabaqueira que seu patrão havia esquecido e, com ela, voltou à gruta. Passada mais uma hora, toda a casa foi surpreendida por seus gritos altos. Pálido e pingando água, Ivan precipitou-se casa a dentro como um louco e declarou que o Sr. Izvertzoff não estava em nenhum lugar na caverna. Pensando que havia caído no lago, mergulhou na primeira bacia em busca dele e quase se afogou.

O dia passou em tentativas vãs de encontrar o corpo. A polícia encheu a casa, e o mais desesperado parecia ser Nicolas, o sobrinho, que ao voltar para casa se deparou com as tristes notícias.

Uma suspeita sombria recaiu sobre Ivan, o siberiano. Ele havia sido castigado por seu amo na noite anterior e tinham-no ouvido jurar vingança. Só Ivan acompanhara o amo até a caverna e, quando o seu aposento foi revistado, encontrou-se debaixo da cama uma caixa cheia de joias preciosas da família, que se sabe terem sido cuidadosamente guardadas no apartamento de Izvertzoff. Em vão, o servo tomou Deus como testemunha, afirmando que a caixa lhe fora confiada pelo próprio amo pouco antes de irem para a caverna e que era intenção do patrão mandar reformar as joias que ele pretendia dar de presente de casamento à sua noiva; e ele, Ivã, daria de bom grado a sua própria vida em troca da do seu amo, caso ele estivesse morto. Não se lhe deu, no entanto, nenhuma atenção, e ele foi preso e posto no cárcere sob acusação de assassinato. Lá ele foi deixado, pois, sob a lei russa, um criminoso não podia – pelo menos naquela época - ser condenado por um crime, por mais conclusivo que fosse a evidência circunstancial, a menos que ele confessasse sua culpa.

Depois de uma semana de busca inútil, a família trajava rigoroso luto. E como o testamento original não fora modificado, toda a propriedade passou para as mãos do sobrinho. O velho professor e sua filha suportaram com a verdadeira fleuma germânica esse súbito reverso da sorte e prepararam-se para partir. Colocando novamente sua cítara debaixo do braço, o ancião estava prestes a partir com sua Munchen quando o sobrinho o deteve, oferecendo-se para o marido da bela donzela em substituição ao seu tio falecido. A mudança foi considerada favorável e, sem muita demora, os jovens se casaram.

Dez anos se passaram e encontramos a família feliz mais uma vez no começo de 1859. A linda Munchen tinha se tornado gorda e vulgar. Desde o dia do desaparecimento do velho tio, Nicolas se tornara rabugento e retraído em seus costumes, e muitos se admiraram com tal mudança, pois não era mais visto sorrindo. Parecia que seu único objetivo na vida era descobrir o assassino de seu tio, ou melhor, fazer com que Ivã confessasse a sua culpa. Mas o homem persistia em se declarar inocente.

Um único filho nascera do jovem casal, e era uma criança estranha. Pequeno, delicado e sempre enfermo, a sua vida frágil parecia estar por um fio. Quando as suas feições estavam em repouso, sua semelhança com o tio era tão surpreendente que os membros da família muitas vezes se afastavam dele com terror. O rosto era pálido e enrugado como de um homem de sessenta anos nos ombros de uma criança de nove anos. Nunca foi visto rindo ou brincando, mas, empoleirado em sua cadeira alta, sentava-se gravemente ali, cruzando os braços de uma forma peculiar ao falecido Sr. Izvertzoff; e permanecia assim por horas, sonolento e imóvel. Suas amas eram vistas frequentemente benzendo-se furtivamente quando se aproximavam dele à noite, e nenhuma delas concordava em dormir sozinha com ele no seu dormitório. O comportamento de seu pai em relação a ele ainda era mais estranho. Ele parecia amá-lo apaixonadamente e, ao mesmo tempo, odiá-lo amargamente. Raramente abraçava ou acariciava a criança, mas com a face lívida e o olhar fixo, passava longas horas observando-a, enquanto a criança sentava-se calmamente em seu canto, à maneira antiquada de um duende. Ela nunca saíra da propriedade, e poucos fora da família sabiam de sua existência.

Em meados de julho, um viajante húngaro, precedido por grande reputação de excentricidade, riqueza e poderes misteriosos, chegou à cidade de P., vindo do Norte, onde residia há muitos anos, segundo se dizia. Estabeleceu-se na cidadezinha em companhia de um xamã, ou mago, do sul da Sibéria, com quem, se dizia, praticava experimentos de mesmerismo. Deu jantares e festas e exibiu invariavelmente seu xamã, de quem se sentia muito orgulhoso por divertir os seus convidados. Um dia, os notáveis de P. invadiram inesperadamente os domínios de Nicolas Izvertzoff e solicitaram o empréstimo de sua caverna para um entretenimento noturno. Nicolas consentiu com grande relutância, e só depois de hesitação ainda maior foi que ele conseguiu em comparecer à festa.

A primeira caverna e a plataforma ao lado do lago sem fundo brilhavam com as luzes. Centenas de velas e tochas bruxuleantes, presas nas fendas das rochas, iluminavam o local e afugentavam as sombras dos cantos e recantos cobertos de musgo, onde haviam permanecido imperturbáveis por muitos anos. As estalactites nas paredes brilhavam intensamente, e os ecos adormecidos foram repentinamente despertados por uma alegre confusão de risadas e conversas. O xamã, a quem seu amigo e patrono nunca perdera de vista, sentou-se em um canto, fascinado como de costume. Agachado em uma rocha saliente, a meio caminho entre a entrada e a água, com seu rosto amarelo-limão e enrugado, nariz achatado e barba rala, parecia mais um horrível ídolo de pedra que um ser humano.

Muitos do grupo apertavam-se ao seu redor e recebiam respostas corretas às suas perguntas, pois o húngaro submetia de bom grado o seu "súdito" hipnotizado ao interrogatório.

De repente uma das pessoas do grupo, uma senhora, observou que foi nesta mesma caverna que o velho Sr. Izvertzoff desaparecera tão inexplicavelmente dez anos antes. O estrangeiro pareceu interessado e desejou saber mais sobre as circunstâncias, de modo que Nicolas foi procurado em meio à multidão e conduzido diante do grupo ansioso. Ele era o anfitrião e achava impossível recusar-se a fazer a narrativa exigida. Repetiu o triste conto com uma voz trêmula, semblante pálido, e lágrimas foram vistas brilhando em seus olhos febris. Os assistentes sentiram-se grandemente afetados, e o comportamento encantador do sobrinho carinhoso honrando a memória de seu tio e benfeitor circulava livremente em sussurros, quando de repente a voz de Nicolas ficou retida na garganta, os seus olhos pareciam querer sair das órbitas e, com um gemido rouco, cambaleou para trás. Os olhares da multidão seguiram com curiosidade o seu olhar aterrorizado que permaneceu fixo e cravado em um rostinho enfraquecido que assomava por atrás do húngaro.

"De onde você vem? Quem te trouxe aqui, criança?" balbuciou Nicolas, tão pálido quanto a morte.

"Eu estava na cama, papai; este homem veio até mim e trouxe-me aqui em seus braços", respondeu o menino com naturalidade, apontando para o xamã, ao lado de quem se achava na rocha, o qual, com os olhos fechados, mantinha-se balançando para lá e para cá como um pêndulo vivo.

"Isto é muito estranho", comentou um dos convidados, "pois este homem nunca saiu de seu lugar".

"Bom Deus! Que extraordinária semelhança!" resmungou um velho morador da cidade, um amigo do homem desaparecido.

"Você mente, menino!" exclamou ferozmente o pai. "Vá para a cama, isto não é lugar para você."

"Venha, venha", interpôs o húngaro, com uma expressão estranha no rosto e envolvendo num abraço a esbelta figura infantil. "O garotinho viu o duplo do meu xamã, que vaga, às vezes, a grandes distâncias de seu corpo, e confundiu o fantasma com o próprio homem. Deixe-o ficar conosco por um tempo."

Diante dessas palavras estranhas, os convidados entreolhavam-se em muda surpresa, enquanto alguns faziam piamente o sinal da cruz, cuspindo para o lado, presumivelmente para o diabo e todas as suas obras.

"Por acaso", continuou o húngaro com a firmeza peculiar de seu sotaque, e dirigindo-se a todos em vez de a qualquer um em particular, "Por que não devemos tentar, com a ajuda do meu xamã, desvendar o mistério que paira sobre a tragédia? A parte suspeita ainda está na prisão? O quê? Ele não confessou até agora? Isso certamente é muito estranho. Mas agora vamos saber a verdade em alguns minutos! Vamos ficar calados!"

Ele então se aproximou do *tebuktchene* e começou imediatamente sua performance sem pedir consentimento ao dono do lugar. Este estava enraizado no local, como se estivesse petrificado de horror e incapaz de articular uma palavra. A sugestão obteve aprovação geral, exceto a dele, e a ideia foi aprovada especialmente pelo inspetor de polícia, coronel S.

"Senhoras e senhores", disse o mesmerizador em tons suaves, "permitam-me que isso ocorra de forma diferente da minha maneira usual. Vou empregar o método da magia nativa. É mais apropriado para este lugar inóspito e muito mais eficaz, como vocês vão ver, do que o nosso método europeu de magnetização."

Sem esperar resposta, ele tirou de uma bolsa que sempre trazia consigo um pequeno tambor primeiramente e, depois, dois pequenos frascos: um cheio de fluido, e outro vazio. Com o conteúdo do primeiro, aspergiu o xamã, que começou a tremer e balançar-se mais violentamente que nunca. O ar estava cheio do perfume de odores picantes, e a própria atmosfera parecia se tornar mais clara. Então, para horror dos presentes, aproximou-se do tibetano e, tirando um pequeno punhal do bolso, enfiou o aço afiado no antebraço do homem, tirando sangue, que colheu no frasco vazio. Quando estava pela metade, apertou o orifício da ferida com o polegar e interrompeu o fluxo de sangue com tanta facilidade como se tivesse colocado rolha numa garrafa, depois do que borrifou o sangue sobre a cabeça do menino. Na sequência, pendurou o tambor no pescoço e, com duas baquetas de marfim cobertas com letras e sinais mágicos, começou a bater uma espécie de alvorada para atrair os espíritos, como ele disse.

Os espectadores, meio surpresos e aterrorizados por esses procedimentos extraordinários, cercaram-no ansiosamente e, por alguns instantes, reinou um silêncio mortal por toda a caverna. Nicolas, com o rosto lívido como o de um cadáver, permanecia sem articular sequer uma palavra. O mesmerizador havia se colocado entre o xamã e a plataforma, quando começou a tamborilar lentamente. As primeiras notas foram abafadas e vibraram tão suavemente no ar que não despertaram nenhum eco, mas o xamã acelerou seu movimento pendular, e o menino inquietou-se. O baterista começou, então, um canto lento, baixo, impressionante e solene.

À media que as palavras desconhecidas saíam de seus lábios, as chamas das velas e tochas tremeluziam e flutuava, até que começaram a dançar no compasso do canto. Um vento frio soprava dos corredores escuros além da água e deixava um eco melancólico em sua trilha. Então, uma espécie de vapor nebuloso, parecendo escoar do chão rochoso e das paredes, reuniu-se em torno do xamã e do menino. Ao redor deste último, a aura era prateada e transparente, mas a nuvem que envolvia o primeiro era vermelha e sinistra. Aproximando-se mais da plataforma, o mago deu um redobre mais forte no tambor e, dessa vez, o eco pegou-o produzindo efeito terrificante! Reverberava perto e longe em incessantes picos; a um gemido mais alto e mais alto seguia-se outro, até que um rugido de trovão parecendo o coro de mil vozes demoníacas elevou-se das profundezas insondáveis do lago. A própria água, cuja superfície iluminada por muitas luzes tinha estado até agora lisa como uma lâmina de vidro, tornou-se repentinamente agitada, como se uma forte rajada de vento tivesse varrido sua superfície serena. Outro canto e outra rufada de tambor, e a montanha tremeu até a base, como se formidáveis canhonaços fossem disparados pelos corredores escuros e intermináveis. O corpo do xamã elevado a dois metros no ar, com a cabeça balançando-se de lado para o outro, permanecia sentado, suspenso como uma aparição. Mas a transformação que agora se operava no garoto gelava a todos que presenciavam a cena. Agora, a nuvem prateada sobre o menino parecia erguê-lo também no ar. Mas, ao contrário do xamã, os seus pés nunca deixaram o chão. A criança começou a crescer, como se o trabalho de anos fosse realizado miraculosamente em poucos segundos. Ele ficou alto e grande, e as suas feições senis ficaram mais velhas simultaneamente com o seu corpo. Mais alguns segundos, e a forma jovem havia desaparecido completamente. Fora totalmente absorvida em outra individualidade e, para horror dos presentes que conheciam sua aparência, essa individualidade era a do velho sr. Izvertzoff, e em sua têmpora havia uma grande ferida aberta de onde saíam grossas gotas de sangue.

Este fantasma foi até Nicolas, até ficar bem à sua frente, enquanto ele, com os pelos eriçados e olhar de louco, fitava o próprio filho, transformado em tio. O silêncio sepulcral foi quebrado pelo húngaro que, dirigindo-se à criança fantasma, perguntou-lhe com voz solene: "Em nome do Grão-mestre, d'Aquele que tudo pode, diga-nos a verdade e nada mais que a verdade. Espírito intranquilo, você se perdeu por acidente ou foi violentamente assassinado?"

Os lábios do espectro se moveram, mas foi o eco que respondeu em seu lugar com gritos lúgubres: "Assassinado! As-sas-si-na-do! Assassinado!"

"Onde? Como? Por quem?" perguntou o conjurador.

A aparição apontou o dedo para Nicolas e, sem retirar o olhar ou abaixar os braços, recuou lentamente para o lago. A cada passo, o jovem Izvertzoff, como se estivesse obrigado por algum fascínio irresistível, avançou um passo em direção a ele, até que o fantasma alcançou o lago e o prosseguiu deslizando em sua superfície. Foi uma cena horripilante e fantasmagórica!

Quando chegou a dois passos da beira do abismo de água, uma violenta convulsão agitou o corpo do culpado. Jogando-se de joelhos, agarrou-se em desespero a um dos assentos rústicos e, olhando loucamente, soltou um longo grito agudo de agonia. O fantasma permaneceu imóvel sobre a água e, curvando o dedo estendido, fez lentamente sinal para que ele se aproximasse. Agachado em um terror abjeto, o miserável homem gritou até que a caverna ressoou de novo e de novo: "Não fui eu ... Não, eu não matei você!"

Percebeu-se então um borrifo, e agora era o menino que estava na água escura lutando por sua vida no meio do lago, sendo vista a terrível aparição inclinada sobre ele.

"Papai! Papai! Salve-me ... eu estou me afogando!"... gritou uma voz débil em meio ao tumulto dos ecos zombeteiros.

"Meu garoto!" gritou Nicolas, na entonação de um maníaco, pondo-se de pé. "Meu filho! Salve-o! Oh, salve-o!... Sim, confesso ... sou o assassino ... Fui eu quem o matou!"

Mais respingos, e o fantasma desapareceu. Com gritos de horror, os circunstantes correram para a plataforma. Mas, os seus pés ficaram repentinamente cravados no chão quando viram, em meio a turbilhões rodopiantes, uma massa disforme e esbranquiçada enlaçando o assassino e o menino num abraço apertado, e afundando lentamente no lago insondável...

Na manhã seguinte a essas ocorrências, quando, após uma noite sem dormir, parte do grupo visitou a residência do cavalheiro húngaro, encontraram-na fechada e deserta. Ele e o xamã haviam desaparecido. Muitos estão entre os antigos habitantes de P. que se lembram dele. O inspetor de polícia, coronel S., morreu há alguns anos com a plena certeza de que o nobre viajante era o diabo. Para aumentar a consternação geral, a mansão Izvertzoff incendiou-se naquela mesma noite e foi completamente destruída. O arcebispo realizou a cerimônia de exorcismo, mas o local é considerado amaldiçoado até hoje. O governo investigou os fatos... e ordenou silêncio.

Índice dos artigos até agora editados

Volume 1

Volume 2

Volume 3

Um Olhar Sobre a Filosofia Esotérica

EDILSON ALMEIDA PEDROSA

14x21cm, 912 p.

Sob inspiração dos mestres de sabedoria, Helena Blavatsky transmitiu ao mundo um colossal acervo de obras literárias fundamentais sobre a teosofia. Seus livros são a essência do pensamento esotérico mundial no que diz respeito ao surgimento e à evolução do Universo e da humanidade. A magnitude e complexidade de sua volumosa obra, eivada muitas vezes de vários conceitos intrincados, dificulta o acesso e a pronta compreensão do leitor que não está familiarizado com o assunto, limitando a atratividade de suas obras e afastando novos leitores. Para sanar tal dificuldade, este livro, ***Um Olhar sobre a Filosofia Esotérica,*** compacta, de maneira simplificada e organizada, praticamente todos os conceitos e temas importantes abordados naquela monumental obra, atualizando-os e comentando-os, de forma a colocar ao alcance de todos os leitores os mais importantes conceitos da filosofia esotérica expostos nos grandes clássicos do ocultismo.

Ainda que seja uma reflexão crítica mais generalizada daquela magna ciência, esta nova obra facilita a compreensão da estreita relação que o ocultismo mantém com os principais ramos do conhecimento humano, especialmente com as ciências da natureza, a quem a teosofia dá vida, instigando novas pesquisas. E ainda há uma rigorosa análise da simbologia das religiões e filosofias mundiais, com ênfase na visão esotérica do cristianismo e discussões sobre as suas doutrinas e mitos que são de difícil aceitação quando examinados ao pé da letra.

LUZES DA TEOSOFIA – VOL. 3
foi confeccionado em impressão digital, em setembro de 2018
Conhecimento Editorial Ltda
(19) 3451-5440 — conhecimento@edconhecimento.com.br
Impresso em Super Snowbright_b 70g. – Hellefoss AG